Real English

MARK GUY NASH e WILLIANS RAMOS FERREIRA

Real English

Vocabulário, gramática e funções a partir de textos em inglês

DISAL EDITORA

Preparação de texto: Flávia Yacubian / Verba Editorial
Projeto gráfico e capa: Alberto Mateus
Diagramação: Crayon Editorial Ltda
Assistente de produção: Noelza Patricia Martins

Todos os textos reproduzidos neste livro são de autoria de Mark G. Nash e Willians R. Ferreira.

Dados Internacionais de Catalogação na Publicação (CIP)
(Câmara Brasileira do Livro, SP, Brasil)

Nash, Mark G.
Real English : explorando vocabulário, gramática e funções em inglês a partir de textos / Mark G. Nash & Willians R. Ferreira. – Barueri, SP : DISAL, 2010.

ISBN 978-85-7844-040-4

1. Inglês - Estudo e ensino I. Ferreira, Willians R. II. Título.

09-11837 CDD-420.7

Índice para catálogo sistemático:
1. Inglês : Estudo e ensino 420.7

Al. Mamoré, 911 - sala 107, Alphaville
06454-040, Barueri - SP
Tel./Fax: 55 11 4195-2811

Visite nosso site: www.disaleditora.com.br

VENDAS
Televendas: (11) 3226-3111
Fax gratuito: 0800 7707 105/106
E-mail para pedidos: comercialdisal@disal.com.br

Sumário

Módulo 8 Couchsurfing the world

Prefácio

Muito oportuna a publicação de *Real English*, um livro que, pela sua natureza e organização, certamente será bem recebido por professores e alunos.

Pode destinar-se a um público variado, quer como material central em sala de aula, quer como material suplementar em situações diversas, em sala de aula ou não, quer ainda como material básico para estudo individual autônomo. Além do mais, sua organização em módulos permite o uso em uma sequência não linear, tornando o material mais adaptável a diferentes contextos, em um determinado momento ou situação de aprendizagem.

O título do livro, *Real English*, corresponde exatamente à variante da língua oferecida ao aluno. É a língua inglesa da vida real, muitas vezes até coloquial, seja em sua forma escrita, seja em sua forma oral, particularmente nos diálogos.

O fato de se utilizarem linhas de concordâncias, além do recurso didático que representam, vem também reforçar a ideia de se tratar de ensino da língua real, como usada em diferentes momentos e situações de comunicação, no mundo real, fora da escola.

Os temas são atuais, de interesse geral, pertencendo tanto ao universo do jovem quanto do adulto. A variedade de gêneros é também contemplada, variando de receitas a carta de reclamação, a auto-ajuda, a anedotas ou pequenas histórias, a reclamação online. Isso possibilita o contato com diferentes tipos de linguagem e diferentes tipos de organização textual.

A maneira como o material poderá ser usado em sala de aula, naturalmente, dependerá do professor e dos objetivos que forem fixados para uma determinada série de encontros. A escolha dos módulos dependerá principalmente de considerações contextuais. E esta é uma grande vantagem: poder decidir o que escolher, adaptar ou não, em que sequência usar.

Para uso individual autônomo, naturalmente, caberá a cada usuário fixar o seu roteiro.

Real English é um material muito rico, dada a variedade de informação adicional que oferece: notas culturais, atividades extra para explorar a linguagem dos textos, dificuldades particulares para o estudante brasileiro, curiosidades de natureza linguística ou cultural, CD possibilitando a audição dos textos, endereços de interesse na web, respostas a todos os exercícios, além de um apêndice com textos e atividades suplementares.

A grande qualidade de *Real English*, além das apontadas, reside principalmente em sua flexibilidade e na liberdade que oferece ao professor, desde a escolha ou sequência dos módulos até a maneira como desenvolve-los em sala de aula. Para quem utiliza o material em situação de autoinstrução, as atividades são propostas com clareza, o que permite, sem maiores dificuldades, o uso nesse tipo de situação, mesmo sem o auxílio do professor.

Real English vem oferecer a tipos diversos de usuários uma nova e diferente possibilidade de material instrucional para o ensino-aprendizagem da língua inglesa.

M.A.A.Celani
Professora Emérita da PUC-SP

Apresentação

Este livro oferece aos usuários brasileiros de inglês a oportunidade de expandir, consolidar e refinar o conhecimento sobre a língua inglesa a partir de textos. O texto, tanto falado quanto escrito, é um ótimo ponto de partida para se analisar e estudar uma língua estrangeira. Diferentemente de sentenças isoladas, o texto captura os ingredientes básicos da comunicação tais como: a cultura, a situação comunicativa, os participantes da interação, o propósito comunicativo, as escolhas léxico-gramaticais e discursivas.

O livro pode ser utilizado na sequência em que os módulos aparecem ou simplesmente a partir dos módulos que mais se relacionam às necessidades e interesses específicos do leitor. O material pode ser usado tanto em autoinstrução quanto com o professor.

Como o material está organizado?

O livro possui oito módulos organizados a partir de diferentes tópicos. Para cada módulo há dois textos relacionados ao tópico central acompanhados de atividades. As atividades priorizam as questões mais problemáticas para usuários brasileiros de inglês e se dividem em três tipos básicos: leitura (pré-leitura, leitura e pós-leitura), compreensão de texto e exploração da linguagem do texto.

Pré-leitura O propósito da pré-leitura é ativar no leitor o conhecimento necessário para a leitura do texto em questão. Assim, as atividades propostas procuram levar o leitor a ativar, refletir ou filtrar o tipo de conhecimento que necessitará para a leitura a seguir. Os conhecimentos enfocados nessa seção são referentes ao conhecimento de mundo relacionado ao tema, conhecimento sistêmico e, especialmente, o conhecimento de organização textual.

Leitura Após as atividades de pré-leitura, o livro traz indicação de como proceder durante a leitura.

Pós-leitura Após a leitura, há uma breve seção de atividades voltadas para a compreensão do texto.

Curiosidades Esta seção é apresentada quando há uma informação extra ou nota cultural relevante no texto estudado.

Explorando a linguagem do texto. Esta seção trata dos itens linguísticos característicos do tipo de texto em questão, além de itens recorrentes em diferentes tipos de texto. Os itens linguísticos podem variar entre itens léxico-gramaticais (associação típica de palavras/ colocações, expressões fixas e semifixas, expressões idiomáticas), itens semântico-pragmáticos (funções comunicativas, atos de fala, marcadores do discurso) e itens de organização textual (elos de coesão e coerência, estruturas do texto).

Real English. A seção 'Real English' apresenta atividades baseadas em linhas de concordâncias geradas por computador. As concordâncias são extraídas de um *corpus* (grande coletânea de textos escritos e falados) de linguagem real. O objetivo desse tipo de atividade é dar ao leitor a oportunidade de analisar itens linguísticos no ambiente natural em que ocorrem em inglês. As atividades com concordâncias privilegiam, em particular, as estratégias de identificação, categorização e registro de padrões linguísticos a partir de amostras autênticas da língua-alvo. Conhecer uma palavra ou expressão não é apenas saber o que ela significa, mas sim saber também quais são os seus contextos, cotextos e padrões típicos de uso. A habilidade de identificar padrões linguísticos é essencial para o aprendiz eficaz de língua estrangeira. Atividades baseadas em concordância podem facilitar muito esse processo.

Recapitulando Essa última seção trata da linguagem integral do texto, com foco especial nos itens problemáticos para usuários brasileiros de inglês, tais como: elos de coesão e coerência, estruturas sintáticas, classes de palavras, *phrasal verbs*, dentre outros.

CD de áudio O livro é acompanhado de um CD de áudio com todos os textos narrados por falantes nativos de inglês. O objetivo é fornecer ao usuário, além dos textos escritos, uma fonte a mais de exposição à língua inglesa. O CD pode ser usado de diversas maneiras e em diferentes momentos, oferecendo ao leitor maior flexibilidade e opção de estudo.

Respostas Há uma seção no final do livro com as respostas das atividades para cada módulo.

Apêndice O apêndice traz sugestões de atividades extras para o professor.

Try it, you'll like it!

MÓDULO
1

PARTE A A tasty Brazilian treat

Pré-leitura

Antes de ler o texto ou checar as respostas, sempre siga as seguintes instruções:

- Dê uma olhada rápida no título, figuras, subtítulos, gráficos, desenhos, autor, fonte, palavras em destaque, formato geral etc. Isso o ajudará a antecipar o tipo de texto e o conhecimento que precisará ativar para lê-lo.
- Sempre que possível, procure situar o texto, refletindo sobre o possível autor, leitor, quando e onde foi publicado e com que propósito.
- Em uma folha de papel em branco, faça um *brainstorming* do tema central do texto, ou seja, escreva tudo o que o título lhe traz à cabeça em inglês em um minuto. Use principalmente verbos e substantivos. Essa técnica o ajudará a ativar a linguagem necessária para uma leitura mais fácil do texto.
- Após a leitura verifique o quanto você conseguiu prever a respeito do texto antes mesmo de tê-lo lido!

I. O texto que você vai ler pertence a que tipo? Assinale uma das alternativas abaixo.

FOCO
ANTECIPAÇÃO DO TIPO DE TEXTO QUE SERÁ LIDO

1 ☐ e-mail
2 ☐ diálogo informal
3 ☐ letra de música
4 ☐ receita
5 ☐ prescrição médica
6 ☐ propaganda

II. Qual é o propósito comunicativo do texto que você vai ler? Assinale uma das alternativas abaixo.

FOCO
ANTECIPAÇÃO DO PROPÓSITO COMUNICATIVO DO TEXTO QUE SERÁ LIDO

1 ☐ alertar alguém dos perigos de algo
2 ☐ vender um produto

3 ☐ convencer alguém de uma ideia
4 ☐ descrever algo ou dar instruções de como fazer algo
5 ☐ contar uma história

Leitura

Agora leia o texto, verifique se as suas expectativas com relação ao texto estavam corretas. Então, verifique as respostas no final do livro.

"**Feijoada** – *From the melting pot of Brazil comes a mouth-watering black bean stew*"

What's the first thing that comes to mind when you think of Brazil? Rio's colorful carnival parade? Soccer players? Samba? Bikini-clad beauties on beaches? One of Brazil's best-kept secrets is its incredibly rich culinary heritage. 'Feijoada', the national dish of Brazil, is a Sunday ritual in many households, especially in Rio, where this traditional lunch meal can take up an entire afternoon!
The origins of the dish can be traced back to the days of slavery and reflect the mix of African and European cultures. The story goes that white slave owners, after choosing the best cuts of meat for their table, would send the unwanted parts (like the ears and tail!) to the slaves to eat. The slaves would cook these parts with black beans and local ingredients – transforming it into a rich and filling stew.

This tasty Brazilian meal takes a little while to prepare, but it's worth it! Well, here goes the recipe...

INGREDIENTS

- 1 kg black beans
- 500 grams smoked ham hocks
- 1 of each: pork foot, ear, tail, tongue (optional)
- ½ kg Brazilian sausage (*linguiça*) or chorizo cut in thick slices
- 250 grams of salted or jerked beef (what Brazilians call carne-seca) cut in cubes
- 250 grams smoked pork ribs
- 250 grams lean pork, cut in cubes
- 1 large onion, finely chopped
- 4 garlic cloves, finely chopped
- 2 tablespoons of olive or vegetable oil
- Salt and pepper to taste
- Hot sauce (optional)

PREPARATION

1. Soak the black beans overnight. In the morning, cook them in a pressure cooker until tender. Set aside the beans with the liquid.
2. In a large skillet, brown the onion and garlic in oil. Then add the cubes of pork and salted beef, sausage and the rest of the meat. Cover with water and simmer over low heat for 30 minutes.
3. Add the black beans, hot sauce, salt and pepper and continue simmering until tender (about 1 hour).
4. Serve with white rice, orange slices, finely cut collard greens sautéed in oil and garlic and farofa (toasted seasoned manioc flour).

Enjoy!

Curiosidades

Melting pot O termo *melting pot* (literalmente "caldeirão onde tudo se derrete e fica homogêneo") é frequentemente usado para descrever os Estados Unidos, onde povos de vários países ajudaram na criação da nação e cultura "americanas". O termo é usado, de uma forma geral, para países cosmopolitas e multiétnicos, como o Brasil.

Pig vs. pork Por que duas palavras para "porco" em inglês? A palavra *pig* refere-se ao animal, enquanto a palavra *pork* refere-se à carne de porco. A palavra *pork* vem do francês *porc*. Durante a conquista das ilhas britânicas pelos normandos, a elite inglesa falava francês à mesa e usava a palavra francesa *porc*, enquanto o povo que trabalhava na terra e cuidava do animal falava o inglês vernáculo e usava a palavra *pig*. Assim, diferenciou-se a palavra *pork* para a carne de porco e *pig* para o animal. Em resumo, ao pedir um prato num restaurante usa-se a palavra *pork*, e no contexto de um chiqueiro de fazenda, por exemplo, usa-se *pig*.

Pós-leitura

FOCO
COMPREENSÃO DO TEXTO

III. Assinale a alternativa correta, de acordo com o texto.

1 ☐ A origem da feijoada é atribuída ao início do carnaval no Rio de Janeiro.
2 ☐ A origem da feijoada é desconhecida.
3 ☐ A receita de uma feijoada foi trazida ao Brasil pelos primeiros portugueses.
4 ☐ A origem da feijoada é atribuída à época da escravidão no Brasil.

Explorando a linguagem do texto

FOCO
ASSOCIAÇÃO TÍPICA DE PALAVRAS/ COLOCAÇÕES

IV. Complete as lacunas com uma palavra, formando colocações extraídas do texto. Então, indique os equivalentes mais próximos em português. A primeira letra da palavra é dada como dica. Se não conseguir fazer de memória, leia o texto novamente e identifique as colocações no seu contexto de uso.

COLLOCATIONS	EQUIVALENTES EM PORTUGUÊS
1 c________________ parade	☐ a costelas de porco
2 p________________ ribs	☐ b dentes de alho
3 g________________ cloves	☐ c panela de pressão

COLLOCATIONS	EQUIVALENTES EM PORTUGUÊS
4 p ______________ cooker	☐ d couve
5 o ______________ slices	☐ e desfile de carnaval
6 m ______________ flour	☐ f farinha de mandioca
7 c ______________ greens	☐ g fatias de laranja

FOCO
ASSOCIAÇÃO TÍPICA DE PALAVRAS/ COLOCAÇÕES

V. **Instruções** como no exercício acima.

COLLOCATIONS	EQUIVALENTES EM PORTUGUÊS
1 b ______________ secrets	☐ a pé de porco defumado
2 c ______________ heritage	☐ b molho de pimenta
3 h ______________ sauce	☐ c carne-seca/ charque
4 s ______________ ham hocks	☐ d tradição culinária
5 j ______________ beef	☐ e ingredientes locais
6 l ______________ ingredients	☐ f segredos guardados a sete chaves

FOCO
VERBOS TIPICAMENTE USADOS NA COZINHA

VI. **No quadro abaixo** estão alguns dos verbos mais comuns usados na cozinha. Verifique se você os conhece. Então, ligue-os aos complementos corretos em inglês, descrevendo tarefas típicas da cozinha. Depois, identifique os seus equivalentes em português.

COLLOCATIONS		EQUIVALENTES EM PORTUGUÊS
1 Soak	the cake for 40 minutes.	☐ a Refogue a couve em óleo de oliva e alho.
2 Boil	the bacon until crispy.	☐ b Asse o frango com batatas em forno alto.
3 Sauté	the soup on low heat for 30 minutes.	☐ c Ferva a sopa em fogo brando por 30 minutos.
4 Fry	the spaghetti in a large pot of water.	☐ d Deixe o feijão de molho até o dia seguinte.
5 Bake	the collard greens in olive oil and garlic.	☐ e Asse o bolo por 40 minutos.
6 Roast	the beans overnight.	☐ f Ferva o macarrão numa panela grande de água.
7 Simmer	the chicken with potatoes in a hot oven.	☐ g Frite o bacon até ficar crocante.

VII. Coloque as palavras das sentenças abaixo na ordem correta. Então, assinale o equivalente que mais se aproxima da expressão em português.

FOCO
EXPRESSÕES

1 What's the first mind that comes to thing?

---

a) ☐ Qual é a primeira coisa que foge da mente?
b) ☐ Qual é a primeira coisa que vem à mente?

2 The story that goes...

---

a) ☐ A história é que...
b) ☐ É uma longa história...

3 It's but worth it!

---

a) ☐ Mas vale a pena!
b) ☐ Mas é muito caro!

VIII. Observe como podemos formar adjetivos compostos separados por hífen em inglês. Note que os substantivos que fazem parte da formação de adjetivos compostos ficam sempre na forma singular após o hífen (e.g.: a car with *four doors* is a *four-door car*). Veja outros exemplos:

FOCO
FORMAÇÃO DE ADJETIVOS EM INGLÊS

- A stew that makes your mouth water is a *mouth-watering stew.*
- A beauty clad (dressed) in a bikini is a *bikini-clad beauty.*
- A secret that is kept best is a *best-kept secret.*

Agora, leia as sentenças abaixo e circule a alternativa correta em itálico.

1 A rest that is earned well is a *well-earned rest/ well earned rest.*
2 A holiday of two weeks is a *two-weeks holiday/ two-week holiday.*
3 A dog that is fed well is a *dog well-fed/ well-fed dog.*
4 A house that is run down is a *run down-house/ run-down house.*
5 A trout that is fried in a pan is a *fried-pan trout/ pan-fried trout.*

FOCO
FUNÇÃO COMUNICATIVA: DAR INSTRUÇÕES; FORMA IMPERATIVA EM INGLÊS

IX. Observe como a forma imperativa dos verbos é usada na seção Preparation do texto. Então, complete as instruções de como fazer uma Caipirinha, circulando a forma correta dos verbos do quadro abaixo.

How to make a **'Caipirinha'**

1 *Cut/ cuts* a lime into quarters and put in a glass.
2 *Add/ adding* 2 tablespoons of sugar.
3 With a pestle, *you crush/ crush* the lime and sugar.
4 Add two shots of 'cachaça', crushed ice and *shake/ shaking* it well.
5 *Don't drink/ Drink not* too many or you'll wake up with a headache the next day!

Real English

FOCO
PALAVRAS QUE PODEM CONFUNDIR

X. Você sabia que as palavras *dish* e *plate*, ambas traduzidas por "prato" em português, têm significados e usos diferentes em inglês? Observe, nas linhas de concordância abaixo, o contexto e cotexto em que cada palavra é usada, ou seja, qual é o seu ambiente natural e as palavras que a acompanham. Não se preocupe com os fragmentos no começo ou final das linhas. Observe apenas a palavra central e as palavras que a rodeiam.

'NATIONAL **DISH**' OR 'NATIONAL **PLATE**'?

1 at the sight of Changez balancing a **plate** on his knee, garland trailing in his dal
2 th copious amounts of coffee and a **plate** of voluptuous cakes.
3 smile as she gazed at an abandoned **plate** of half-eaten sandwiches on a nearby table.
4 ad washed and put away the cups and **plates**, covered the few squares of sandwiches that
5 e tablecloth, put out the cups and **plates**, laughing and whispering and bustling about

6 takably her brother, who was piling **plates** into a dishwasher and making two cups of
7 beans. 4. Serve the salad on a **plate** with the flaked tuna arranged on top of the
8 rge salad bowl or individual salad **plates**. Arrange the tomatoes, eggs, tuna

1 Excellent daily menu of hot and cold lunch **dishes**. Lively, busy bar. Wide selection
2 ng James Thistle Hotel Regional French **dishes** a speciality. Hot and cold bar
3 ecialises in Scottish fare and vegetarian **dishes**, with a popular buffet table.
4 lcoming restaurants. French and Scottish **dishes** feature prominently.
5 c delight, especially the seafood and veal **dishes**. Italian, French and German wines
6 ters and aquarium. Exciting selection of **dishes** excellently cooked.
7 roast duck, smoked salmon, fish and game **dishes**. Over 50 wines, large selection
8 eating place for travellers. Continental **dishes** and Scottish fare available.
9 ovial information bistro &mdash where fish **dishes** are specialities ranging from
10 style Chicago decor. American and Italian **dishes** giving a tremendous choice of pizzas

Agora, tente completar as generalizações de uso abaixo com a palavra correta.

1 Quando nos referimos a um "prato típico" de um país ou região, usamos a palavra ______________ em inglês.

2 Quando nos referimos ao "recipiente" onde se coloca a comida, usamos a palavra ______________ em inglês.

3 Assim, o correto é dizer: "Feijoada is a typical Brazilian ______________, which we can eat from a ______________" (Feijoada é um *prato* típico brasileiro, que podemos comer em um *prato*.).

Recapitulando

XI. Reescreva o texto original, completando as lacunas com a alternativa correta. Procure fazer um exercício de memória e somente no final verifique as respostas.

FOCO
LINGUAGEM INTEGRAL DO TEXTO

"**Feijoada** – *From the _______________ (1. melting/ black) pot of Brazil comes a mouth-watering black bean stew*"

What's the first thing that comes to _______________ (2. HEAD/ MIND) when you think of Brazil? Rio's colorful carnival _______________ (3. PARADE/ MARCH)? Soccer players? Samba? Bikini-clad beauties _______ (4. IN/ ON) beaches? One of Brazil's _______________ (5. KEPT-BEST/ BEST-KEPT) secrets is its _______________ (6. INCREDIBLY/ INCREDIBLE) rich culinary heritage. 'Feijoada,' the national _______________ (7. PLATE/ DISH) of Brazil, is a Sunday ritual in many households, especially in Rio, where this traditional lunch meal can take _______________ (8. UP/ OVER) an entire afternoon! The origins of the dish can be traced _______________ (9. BACK/ UP) to the days of slavery and reflect the mix of African and European cultures. The story _______ (10. GOES/ TELLS) that white slave owners, after choosing the best cuts of meat for their table, would send the unwanted parts (like the ears and tail!) to the slaves to eat. The slaves would cook these parts with black beans and local ingredients – transforming it _______________ (11. OVER/ INTO) a rich and filling stew.

This tasty Brazilian meal _______________ (12. TAKES/ GETS) a little while to prepare, but it's _______________ (13. WORTH IT/ VALID)! Well, here goes the recipe...

INGREDIENTS

- 1 kg black beans
- 500 grams _______________ (14. SMOKED/ SMOKING) ham hocks

- 1 of each: pork foot, ear, tail, tongue (optional).
- ½ kg Brazilian sausage (linguiça) or chorizo cut in thick slices.
- 250 grams of salted or jerked beef (what Brazilians call 'carne-seca') cut in cubes.
- 250 grams smoked ____________ (15. PIG/ PORK) ribs
- 250 grams lean pork, cut in cubes
- 1 large onion, finely chopped
- 4 garlic ____________ (16. CLOVES/ TEETH), finely chopped
- 2 tablespoons of olive or vegetable oil
- Salt and pepper to taste
- Hot sauce (optional)

PREPARATION

1 Soak the black beans overnight. In the morning, cook them in a pressure cooker until tender. Set (17. aside/ about) the beans with the liquid.

2 In a large skillet, brown the onion and garlic ____________ (18. ON/ IN) oil. Then add the cubes of pork and salted beef, sausage and the rest of the meat. Cover with water and simmer over low heat for 30 minutes.

3 Add the black beans, hot sauce, salt and pepper and continue simmering ____________ (19. UNTIL/ UP TO) tender (about 1 hour).

4 Serve with white rice, orange slices, finely cut collard ____________ (20. GREENS/ BLUES) sautéed in oil and garlic and 'farofa' (toasted seasoned manioc flour).

Enjoy!

PARTE B What kind of food is this?

Pré-leitura

Antes de ler o texto ou checar as respostas, leia as informações abaixo.
O texto que segue é um diálogo em um restaurante. Leia o texto e responda às questões.

"What kind of food is this?"

Sarah You hungry?

Peter I could eat a horse! So what's this thing called anyway? Sure smells good!

Sarah It's called 'feijoada'. It's a Brazilian dish. Something they eat on weekends for lunch.

Peter Oh!... Looks good, whatever it is. What's in it?

Sarah It's a kind of black bean stew with different meats like smoked pork and sausage. Takes all day to make.

Peter Really? What am I supposed to do with the orange slices?

Sarah Here, let me help you. There's a whole ritual with feijoada. First you have to arrange the food on your plate the right way. See? Just put a little bit of everything on your plate... rice, beans, orange slices... the green thing is collard greens.

Peter Right. What's that?

Sarah A kind of cabbage leaf. Look, just try it, you'll like it. Trust me.

Peter Uh huh. And that yellow stuff?

Sarah 'Farofa'. It's made with manioc flour and... oh, forget it! Just put a little on your plate as well. It's delicious, take my word for it. And try a little of this hot sauce as well, but watch out! It packs a punch!

Peter Wow! You're not kidding, are you?

Sarah	Well? What do you think? Looks nice, doesn't it?
Peter	Looks terrific! Sure is colorful...
Sarah	Just wait till you taste it!

Pós-leitura

FOCO
COMPREENSÃO DO TEXTO

I. Observe as imagens abaixo e marque a alternativa que melhor ilustra o assunto do texto.

1 ☐

2 ☐

3 ☐

4 ☐

II. Marque verdadeiro (V) ou falso (F), de acordo com o texto.

FOCO
SITUAÇÃO COMUNICATIVA E LINGUAGEM DO TEXTO

1 ☐ Há dois participantes interagindo no diálogo.
2 ☐ Os participantes do diálogo não se conhecem.
3 ☐ Os participantes usam uma linguagem informal.
4 ☐ O diálogo ocorre em um ambiente público.
5 ☐ A linguagem é espontânea, não preparada.

III. Leia o texto novamente. Marque verdadeiro (V) ou falso (F), de acordo com o texto.

FOCO
COMPREENSÃO DO TEXTO

1 ☐ Peter já havia experimentado uma feijoada antes.
2 ☐ Peter diz gostar da aparência da feijoada.
3 ☐ Sarah diz que uma feijoada pode ser feita rapidamente.
4 ☐ Sarah diz que cada item da feijoada deve ser comido em um prato separado.
5 ☐ Sarah avisa ao Peter que o molho de pimenta é forte.

Explorando a linguagem do texto

IV. Leia o texto novamente e coloque os itens do quadro abaixo nas suas categorias corretas.

FOCO
LINGUAGEM DA CONVERSAÇÃO; FUNÇÃO COMUNICATIVA: EXPRESSAR REAÇÃO E ATRAIR ATENÇÃO

Oh! – Really? – Here – See? – Right – Look – Uh huh! – Wow! – Well?

EXPRESSAR REAÇÃO	ATRAIR A ATENÇÃO
___	___
___	___
___	___
___	___
___	___

FOCO
EXPRESSÕES

V. Coloque as palavras das expressões abaixo na ordem correta em inglês. Então, assinale a alternativa que melhor traduz a expressão em português.

1 What supposed to do I am with the orange slices?

___

a) ☐ O que eu faço com as fatias de laranja?
b) ☐ O que eu como com as fatias de laranja?

2 Just it try. You like will it.

a) ☐ Tenta! Você vai gostar.
b) ☐ Vamos, experimenta! Você vai gostar.

3 Take for it my word.

a) ☐ Acredite em mim.
b) ☐ Você tirou a palavra da minha boca.

4 Careful with the hot sauce. It punch a packs!

a) ☐ Cuidado com o molho de pimenta. Ele mancha!
b) ☐ Cuidado com o molho de pimenta. Ele é bem ardido!

5 I eat could a horse.

a) ☐ Eu estou morrendo de fome.
b) ☐ Eu como que nem um cavalo.

VI. É comum se omitir pronomes e verbos auxiliares na fala em inglês. Leia o texto novamente para observar alguns exemplos. Então, reescreva os enunciados abaixo na forma abreviada. O primeiro já está feito.

FOCO
LINGUAGEM DA CONVERSAÇÃO; ABREVIAÇÕES, OMISSÃO DE PRONOMES E VERBOS AUXILIARES.

1 It looks good.
Looks good.

2 Are you hungry?

3 It sure smells good.

4 It takes all day to make.

---

5 Do you see?

Real English

VII. Os adjetivos *tasty* e *tasteful* são usados com colocações e sentidos diferentes em inglês. Assinale o adjetivo correto para cada palavra do quadro abaixo.

FOCO
PADRÃO DE USO; COLOCAÇÕES

	tasty	*tasteful*
1 decoration	☐	☐
2 snack	☐	☐
3 collection of paintings	☐	☐
4 clothes	☐	☐
5 pizza	☐	☐
6 hot chocolate	☐	☐
7 apartment	☐	☐
8 chicken sandwich	☐	☐
9 wedding dress	☐	☐
10 apple pie	☐	☐

VIII. Agora observe nas linhas de concordância evidências de uso real dos dois adjetivos e verifique se suas respostas estão corretas. Então, complete os padrões de uso.

1 into business-like, welcoming and **tasteful** accommodation not only gave visib
2 evenings. The exquisite decor is **tasteful** and includes many antiques and pa
3 ironic but perfectly executed and **tasteful** artworks in the agit-prop traditi

4 idors of heavy wood doors open to **tasteful** bedrooms furnished in a classic d
5 army of 500 thousand ladies with **tasteful** banners on which poor Gumbo is di
6 s for the children. Not sure that **tasteful** ceramic nativity set will console
7 e, we can arrange a beautiful and **tasteful** ceremony at sunset on the jetty
8 y sixties, dressed in casual, but **tasteful** clothes, and wearing a pair of go
9 position of highly acceptable and **tasteful** colour and tone. RAY RUSHTON
10 ere was hum of comment about this **tasteful** guitarist with a tone that would
11 on the great guitar solo debate? **Tasteful** or tacky? Well if a guitar
12 &equo The background music is **tasteful**, the footage of Hobbs, in particu

1 on, but at only 30p a bar, it's a **tasty** and inexpensive snack which shoul
2 e tables). The food is original, **tasty** and well presented. Susan parti
3 zzurro&equo &mdash the Adriatic's **tasty** blue fish. Youngsters will, with
4 ients are fresh. The chef makes **tasty** bread rolls and grows his own her
5 REN PAGE A mother's pride in **tasty** chocolate cake On The Boil Wi
6 Finally, page 16 has a couple of **tasty** dessert ideas. As for which wi
7 Mr Men menus, full of exciting, **tasty** dishes they love. A three course
8 some bright spark produced small **tasty** jam-filled doughnuts and said THE
9 t the cheaper mussels make a very **tasty** pasta sauce.
10 m The Mariners and you can book a **tasty** picnic to take with you. Sandy
11 rather than a generous helping of **tasty** tomatoes. Ragu's also packed
12 hind me thrust a mug full of very **tasty** wine into my hand. &bquo A votre

Padrões de uso:

1 Geralmente usamos o adjetivo ______________ para descrever itens relacionados à comida e bebida e, neste caso, pode ser traduzido como "gostoso" ou "saboroso", em português.

2 Para descrevermos casas, decorações, móveis etc., geralmente usamos o adjetivo ______________ e, neste caso, pode ser traduzido como "de bom gosto", em português.

Recapitulando

IX. Reescreva o texto original, completando as lacunas com a alternativa correta.

FOCO
LINGUAGEM INTEGRAL DO TEXTO

"What kind of food is this?"

Sarah You hungry?

Peter I could eat a ________ (1. COW/ HORSE). So what's this thing called anyway? Sure smells good!

Sarah It's called 'feijoada'. It's a Brazilian ________ (2. PLATE/ DISH). Something they eat ________ (3. on/ in) weekends for lunch.

Peter Oh! ________ (4. IT LOOKS/ LOOKS) good, whatever it is. What's in it?

Sarah It's a kind of black bean stew with different meats like smoked pork and sausage. ________ (5. TAKES/ IT TAKES) all day to make.

Peter ________ (6. REALLY?/ UH HUH!). What am I ________ (7. SUPPOSE/ SUPPOSED) to do with the orange slices?

Sarah ________. (8. THERE/ HERE), let me help you. There's a whole ritual with feijoada. First you have to ________ (9. ORGANIZE/ ARRANGE) the food ________ (10. IN/ ON) your plate the right way. ________ (11. DO YOU SEE?/ SEE?) Just put a little bit of everything on your plate... rice, beans, orange slices... the green thing is collard greens.

Peter Right. What's that?

Sarah A kind of cabbage leaf. ________ (12. JUST/ ONLY) try it, you'll like it. Trust me.

Peter ________ (13. UH HUH/ SORRY). And that yellow stuff?

Sarah 'Farofa'. It's made with manioc flour and... oh, forget it! Just put a little on your plate as well. It's delicious, ________ (14. GET/

TAKE) my word for it. And try a little of this hot sauce as well, but watch out! It packs a ____________ (15. KICK/ PUNCH)!

Peter ____________ (16. WOW/ OOPS), you're not kidding, are you?

Sarah Well? What do you think? ________________ (17. LOOKS/ IT LOOKS) nice, doesn't it?

Peter ________________ (18. IT LOOKS/ LOOKS) terrific! __________ (19. IT SURE IS/ SURE IS) colorful...

Sarah Just wait till you ________________ (20. TASTE/ PROVE) it!

Finding love on the net

MÓDULO
2

PARTE A
The on-line dating game

Pré-leitura

Antes de ler o texto ou checar as respostas, sempre siga as seguintes instruções:

- Dê uma olhada rápida no título, figuras, subtítulos, gráficos, desenhos, autor, fonte, palavras em destaque, formato geral etc. Isso o ajudará a antecipar o tipo de texto e o conhecimento que precisará ativar para lê-lo.
- Sempre que possível, procure situar o texto, refletindo sobre o possível autor, leitor, quando e onde foi publicado e com que propósito.
- Em uma folha de papel em branco, faça um *brainstorming* do tema central do texto, ou seja, escreva tudo o que o título lhe traz à cabeça em inglês em um minuto. Use principalmente verbos e substantivos. Essa técnica o ajudará a ativar a linguagem necessária para uma leitura mais fácil do texto.
- Após a leitura verifique o quanto você conseguiu prever a respeito do texto antes mesmo de tê-lo lido!

1. Em sua opinião, quais das figuras abaixo melhor ilustram o assunto do texto?

FOCO
ANTECIPAÇÃO DO ASSUNTO DO TEXTO

1 ☐

2 ☐

3 ☐

4 ☐

II. Em sua opinião, o texto que você vai ler é mais próximo de que tipo? Assinale uma das alternativas abaixo.

1 ☐ e-mail
2 ☐ letra de música
3 ☐ receita
4 ☐ artigo de revista
5 ☐ propaganda

FOCO
ANTECIPAÇÃO DO TIPO DE TEXTO QUE SERÁ LIDO

III. Todo texto tem um propósito comunicativo. Qual é o propósito comunicativo do texto que você vai ler? Assinale uma das alternativas abaixo.

1 ☐ vender um serviço de namoro pela Internet
2 ☐ discutir os prós e contras de namoros via Internet
3 ☐ dar instruções passo a passo de como encontrar um parceiro amoroso na Internet
4 ☐ reclamar de serviços oferecidos pela Internet

FOCO
FOCO: ANTECIPAÇÃO DA FUNÇÃO COMUNICATIVA DO TEXTO QUE SERÁ LIDO

Leitura

Agora leia o texto, verifique se as suas expectativas estavam corretas. Em seguida verifique as respostas no final do livro.

"Getting more than you bargained for in the **on-line dating game***"*

On-line dating is common enough these days. It seems that everyone is looking for Mr. Right or Ms. Right on the net. It's not really so different from shopping on-line, and you don't even have to leave your house to do it! It wasn't long

ago that saying that you met your partner on-line carried with it a huge social stigma. People would look at you as if you had two heads or a tail! Nowadays it still carries a social stigma, but everyone's doing it. The official rule seems to be "don't ask, don't tell".

I suppose the question on everyone's mind is "does it work?" or "am I going to meet nice people?" Well, yes and no... Let's face it, most of the people you're going to meet on-line are only there looking for dates because they can't get one at the office or at school. In other words, they're probably losers! Well, at least some of them anyway. Then there are the serial daters – the ones who need to go out with a different person every week. Don't expect a commitment from someone who has gone out with more people than you can cram into a stadium! But surely, you ask, there must be some nice, 'normal' people I can meet on-line! Of course, but until you actually meet them in person, you have no guarantee that your new 'virtual' friend is, in fact, who they say they are. He may say he's a tall, athletic doctor from Chicago who likes classical music, but how can you be sure it's not just some kid on the other end having a bit of fun at your expense? My point here is – prepare yourself for surprises! If all goes well on-line, you'll want to arrange a date to get to know each other in person. Prepare for the worst and hope for the best, if you get my drift. That slim, attractive young woman in the photo may turn out to be a fat, middle-aged liar! Or the bald guy sitting across from you in the café may not look anything like the photo he sent from when he still had hair!

My point here is – prepare yourself for surprises!

But it isn't always this bad. On the plus side, some people do find the love of their life on the net. On the minus side, you have to work at it! Look at it this way, you have to be prepared to meet a lot of weirdos, fakes and just simply incompatible people before you find Mr. or Ms. Right. And if after all this you can't find someone on the net? Well, that's just the way the cookie crumbles. Maybe it's time to think about getting a dog instead!

Pós-leitura

IV. Marque verdadeiro (V) ou falso (F), de acordo com o texto.

FOCO
COMPREENSÃO DO TEXTO

1 ☐ As pessoas geralmente ficam envergonhadas ao dizer que conheceram um(a) parceiro(a) na Internet.

2 ☐ O autor infere que as pessoas provavelmente ficarão decepcionadas com as pessoas que elas conhecem pela Internet.

3 ☐ Os *serial daters* são pessoas que procuram relacionamentos sérios e duradouros.

4 ☐ As pessoas muitas vezes mentem sobre a aparência nos contatos pela Internet.

5 ☐ Você tem que ser bastante paciente se quiser encontrar a pessoa ideal (*Mr. Right* ou *Ms. Right*) na Internet.

Explorando a linguagem do texto

V. Complete as lacunas do quadro abaixo com a palavra correta, formando associações típicas extraídas do texto. A primeira letra da palavra é dada como dica. Então, assinale os equivalentes em português.

FOCO
ASSOCIAÇÃO TÍPICA DE PALAVRAS/ COLOCAÇÕES

COLLOCATIONS	EQUIVALENTES EM PORTUGUÊS
1 c____________ music	☐ a amigo virtual
2 s____________ daters	☐ b namoradores compulsivos
3 o____________ dating	☐ c estigma social
4 v____________ friend	☐ d namoro pela Internet
5 s____________ stigma	☐ e música clássica

VI. Complete as sentenças abaixo com a palavra correta, formando expressões típicas extraídas do texto. Depois, assinale o equivalente que mais se aproxima da expressão em português.

FOCO EXPRESSÕES

1 She g__ __ more than she ba__ __ __ __ __ __ __ __ for.

a) ☐ Ela conseguiu uma barganha.

b) ☐ Ela recebeu mais do que esperava.

2 If a__ __ go__ __ well, we'll go out again.

a) ☐ Se tudo falhar, nós vamos sair novamente.

b) ☐ Se tudo der certo, nós vamos sair novamente.

3 That's the question on everyone's __ __ __ __.

a) ☐ Essa é a pergunta que todo mundo faz.

b) ☐ Essa é a pergunta que ninguém entende.

4 He's ha__ __ __ __ a bit of f__ __ at your exp__ __ __ __ __.

a) ☐ Ele está se divertindo com as suas piadas.

b) ☐ Ele está se divertindo às suas custas.

5 You have to pr__ __ __ __ __ __ for the worst and h__ __ __ for the best.

a) ☐ Você não pode ter grandes expectativas.

b) ☐ Você tem que ser bastante otimista.

6 You might find the l__ __ __ of your l__ __ __ on the net.

a) ☐ Você pode encontrar o amor da sua vida na Internet.

b) ☐ Você pode achar uma paixão para viver na Internet.

7 That's the way the co__ __ __ __ __ cru__ __ __ __ __ __.

a) ☐ A vida vai melhorar.

b) ☐ As coisas são assim mesmo.

FOCO
ORGANIZADORES/ MARCADORES TEXTUAIS; FUNÇÕES COMUNICATIVAS: EXPLICAR MELHOR/ ENFATIZAR; CONTRASTAR IDEIAS DIFERENTES

VII. Uma das características de um texto argumentativo é o uso de "marcadores textuais", que são palavras ou expressões que ajudam a organizar, orientar ou sinalizar as ideias que o autor quer transmitir. Leia o texto novamente e então coloque os marcadores textuais extraídos do texto na categoria correta.

in other words – on the minus side – my point here is – if you get my drift – look at it this way – let's face it – of course – on the plus side – but

EXPLICAR MELHOR/ ENFATIZAR	CONTRASTAR IDEIAS DIFERENTES
____________________	____________________
____________________	____________________
____________________	____________________
____________________	____________________

FOCO
ORGANIZADORES/ MARCADORES TEXTUAIS

VIII. Leia o texto abaixo e complete as lacunas com a alternativa correta para cada sentença, de acordo com o contexto.

I've just met a nice girl on-line, but I don't think it's going to work out. ____________________ (1. On the plus side/ In other words), she's smart and we have a lot in common. But ____________________ (2. on the minus side/ if you get my drift), she's much younger than I am. ____________________ (3. Let's face it/ On the plus side), she won't be interested in an older guy like me! ____________________ (4. Of course/ If you get my drift), I haven't told her my age yet, but she'll find out when we meet for coffee on Friday. ____________________ (5. Look at it this way/ of course), if you were 20, would you want to date a 40-year-old accountant? I didn't think so! ____________________ (6. In other words/ on the minus side), I'm in trouble! Maybe I'll just have to be a little 'creative' if she asks me my age, ____________________ (7. if you get my drift./ let's face it.)

Real English

IX. Como se diz "sair com alguém para um encontro amoroso" em inglês?

Leia as linhas de concordância abaixo e tente identificar o padrão da expressão correta. Não se preocupe com os fragmentos no começo ou final das linhas. Observe apenas a palavra central e as palavras que a rodeiam.

FOCO
IDENTIFICAÇÃO DE PADRÕES DE USO

1 Esquire **Goes** on a Date
2 teenage girls in Britain could **go** on a date with their boyfriends without
3 Others **went** on dates and often married their suitors.
4 Stood up this Kenneth **went** on a blind date
5 if not quite press darlings, then at least **going** on the occasional date with the media.
6 YOUR wife is always leaving the dinner table to **go** on dates.
7 A League Of Their Own, remembers: `Everybody was **going** out on dates except me.
8 He adds sadly: `It's impossible for me to **go** on a quiet date as I get recognised
9 every time I **went** out on a date.
10 Ground to **go** to on a date
11 We very occasionally **went** on double dates but
12 Elaine giggled again, a schoolgirl **going** on her first date.
13 We'd been **going** out together on dates for a month or
14 she had felt as nervous as a teenager **going** on her first date.
15 Oh well next time when you go just **go** on the proper date that you should go
16 No, they were on before you **went** on your date.

Então, conseguiu identificar o padrão da expressão? Para confirmar, tente completar as sentenças abaixo com a palavra correta.

1 We ______________ out on our first date last night.
2 I wouldn't go ______________ on a date with him if you paid me!
3 Did you go on a ______________ with her?
4 Mike went ______________ a date with a girl he met on-line.

X. Deu para perceber o padrão de uso? Assinale o padrão correto.

1 ☐ go (out) with a date
2 ☐ go (out) on a date with someone
3 ☐ go date with someone

Recapitulando

XI. Reescreva o texto original, completando as lacunas com a alternativa correta. Procure fazer o exercício de memória e somente no final verifique as respostas.

FOCO
LINGUAGEM INTEGRAL DO TEXTO

"Getting more than you bargained for in the **on-line dating game***"*

On-line dating is common enough these days. It seems that everyone is looking ________ (1. AFTER/ FOR) Mr. Right or Ms. Right ___ (2. ON/ IN) the net. It's not really so different from shopping on-line, and you don't ________ (3. EVER/ EVEN) have to leave your house to do it! It wasn't long ago that saying that you ________ (4. MET/ KNEW) your partner on-line carried with it a huge social stigma. People would look at you ________ (5. AS/ LIKE) if you had two heads or a tail! Nowadays it still carries a social stigma, but everyone's doing it. The official rule seems to be "don't ask, don't tell".

I suppose the question ______ (6. ON/ IN) everyone's mind is "does it work?" or "am I going to meet nice people?" Well, yes and no... Let's ________ (7. ADMIT/ FACE) it, most of the people you ________ (8. GO TO/ 'RE GOING TO) meet on-line are only there looking for dates because they can't ________ (9. HAVE/ GET) one at the office or at school. ______________ (10. IN OTHER WORDS/ FOR EXAMPLE), they're probably losers! Well, at least some of them anyway. Then there are the serial daters – the ones __________ (11. WHO/ WHICH) need to go out with a different person every week. Don't __________ (12. EXPECT/ WAIT) a commitment from someone who has __________ (13. GONE/ WENT) out with more people than you can cram into a stadium! But surely, you ask, there must be some nice, 'normal' people I can meet on-line! __________ (14. IN FACT/ OF COURSE), but until you actually meet them in person, you have no guarantee that your new 'virtual' friend is, __________ (15. IN FACT/ HOWEVER), who they say they are. He may say he's a tall, athletic doctor from Chicago who __________ (16. LIKES/ LIKE) classical music, but how can you be sure it's not just __________ (17. SOME/ ONE) kid on the other end having a bit of fun at your __________ (18. COST/ EXPENSE)? My point here is – prepare yourself for surprises! If all __________ (19. GOES/ GETS) well on-line, you'll want to arrange a date to get to know each other in person. Prepare for the worst and hope for the best, if you __________ (20. GET/ TAKE) my drift. That slim, attractive young woman in the photo may turn __________ (21. OUT/ UP) to be a fat, middle-aged liar! Or the bald guy __________ (22. SEATED/ SITTING) across from you in the café may not look anything like the photo he sent from when he still had hair!

But it isn't always this bad. On the __________ (23. PLUS/ MINUS) side, some people do find the love of their life on the net. On the __________ (24. PLUS/ MINUS) side, you have to work at it! Look at it this way, you have to be prepared to meet a lot of __________ (25. STRANGERS/ WEIRDOS), fakes and just simply incompatible people before you find Mr. or Ms. Right. And if after all this you can't find someone on the net? Well, that's just the way the cookie __________ (26. CRUMBLES/ BREAKS). Maybe it's time to think about __________ (27. GET/ GETTING) a dog instead!

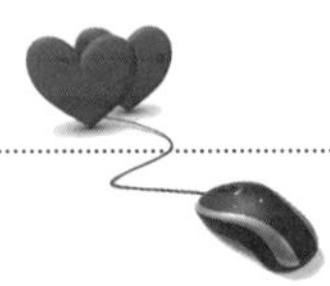

PARTE B The blind date

Pré-leitura

Antes de ler o texto ou checar as respostas, leia as informações abaixo.
O texto que segue é um diálogo sobre um encontro recente. Leia o texto e responda às questões que seguem.

Leitura

"The **blind** *date"*

Martin So, how did your date go last night with the guy you met on-line?

Susan Well, let me put it this way… it wasn't the greatest night of my life!

Martin Oh? What happened?

Susan Well, first of all, he wasn't exactly the way I imagined him to be. I mean, he said he was tall and athletic. I was expecting David Beckham!

Martin So, what was he like?

Susan Let's just say he'll never win any beauty contests…

Martin Well, there must have been something you liked about him! Is he rich?

Susan Let me ask you something. Would a rich guy take his date to a restaurant by bus?

Martin You're pulling my leg, right? Well, was he fun at least?

Susan I'm not sure 'fun' is the word I'd use to describe him. He spent the whole evening talking about his boring job at the bank!

Martin	Well, did he take you to a fancy restaurant at least?
Susan	I'm not sure I'd call McDonald's a 'fancy' restaurant...
Martin	Wow, what a cheapskate! So I guess you're not going to see him again!
Susan	Are you kidding? It was the best night out I've had in months!

Curiosidades

Go on a blind date expressão usada para descrever um encontro entre duas pessoas que nunca se viram antes, geralmente planejado por amigos, na esperança de que do encontro resulte em um possível relacionamento amoroso.

Pós-leitura

FOCO: SITUAÇÃO COMUNICATIVA E LINGUAGEM DO TEXTO

I. Marque verdadeiro (V) ou falso (F) de acordo com o texto.

1 ☐ O assunto central do texto é o encontro que Susan teve com um cara.
2 ☐ O diálogo ocorre entre três pessoas.
3 ☐ A linguagem do texto é informal.
4 ☐ Os participantes do diálogo não se conhecem.

II. Leia o diálogo novamente. Marque verdadeiro (V) ou falso (F), de acordo com o texto.

FOCO: COMPREENSÃO DO TEXTO

1 ☐ Martin já sabia sobre o encontro de Susan.
2 ☐ O cara com quem Susan se encontrou era alto e atlético.
3 ☐ Susan achou o cara feio.
4 ☐ O cara passou a noite falando sobre o serviço dele em uma escola.
5 ☐ O cara levou Susan a um restaurante chique.
6 ☐ Martin acha que o cara é muito legal.

Explorando a linguagem do texto

III. Em inglês é comum se exagerar na descrição de alguém ou de uma situação para que ela não pareça tão ruim quanto realmente é. Leia o texto novamente e observe como Susan ameniza o seu encontro desastroso. Então, associe as palavras de Susan com o que realmente ocorreu.

> **FOCO**
> LINGUAGEM DA CONVERSAÇÃO; FUNÇÃO COMUNICATIVA: AMENIZAR UMA SITUAÇÃO

1 It wasn't the greatest night of my life!
2 He wasn't exactly the way I imagined him to be.
3 Let's just say he'll never win any beauty contests....
4 Would a rich guy take his date to a restaurant by bus?
5 I'm not sure 'fun' is the word I'd use to describe him.
6 I'm not sure I'd call McDonald's a 'fancy' restaurant...

a) ☐ He wasn't fun.
b) ☐ He has no money.
c) ☐ It was a terrible night.
d) ☐ He was ugly.
e) ☐ McDonald's isn't a fancy restaurant.
f) ☐ I expected someone much better.

IV. Complete as expressões usadas por Martin para mostrar surpresa ou descrença. Então, indique os equivalentes mais próximos em português.

> **FOCO**
> LINGUAGEM DA CONVERSAÇÃO; FUNÇÃO COMUNICATIVA: EXPRESSAR SURPRESA OU DESCRENÇA

1 A _ _ Y _ _ K _ _ _ _ _ _?
2 Y _ _' _ _ P _ _ _ _ _ _ M _ L _ _, R _ _ _ _?
3 W _ _!

a) ☐ Nossa!
b) ☐ Tá brincando?
c) ☐ Você não está falando sério, né?

Recapitulando

FOCO
LINGUAGEM INTEGRAL DO TEXTO

v. Reescreva o texto original, completando as lacunas com a alternativa correta. Procure fazer um exercício de memória e somente no final verifique as respostas.

"The **blind** *date"*

Martin So, how did your date ____________ (1. COME/ GO) last night with the _________ (2. GUY/ MAN) you met on-line?

Susan Well, let me _________ (3. SAY/ PUT) it this way... it wasn't the greatest night of my life!

Martin ____________ (4. OH?/ WOW!) What happened?

Susan Well, first of ________________ (5. EVERYTHING/ ALL), he wasn't exactly the way I imagined him to be. I mean, he said he was tall and athletic. I was __________________________ (6. EXPECTING/ WAITING FOR) David Beckham!

Martin So, what was he _____________ (7. AS/ LIKE)?

Susan Let's just say he'll never _____________ (8. EARN/ WIN) any beauty contests...

Martin Well, there must have been something you liked about him! Is he rich?

Susan Let me ________________ (9. ASK/ QUESTION) you something. Would a rich guy _____________ (10. GET/ TAKE) his date to a restaurant by bus?

Martin You're pulling my _________ (11. EAR/ LEG), right? Well, was he ________________ (12. FUN/ FUNNY) at least?

Susan I'm not sure 'fun' is the word I'd use to describe him. He spent the whole evening talking about his boring __________ (13. SERVICE/ JOB) at the bank!

Martin Well, did he take you to a ____________________ (14. FANCY/ LUXURIOUS) restaurant at least?

Susan I'm not sure I'd call McDonald's a 'fancy' restaurant...

Martin ______________ (15. So/ Wow), what a cheapskate! So I guess you're not going to __________ (16. SEE/ LOOK AT) him again!

Susan Are you ________________ (17. PLAYING/ KIDDING)? It was the best night ____________ (18. OUT/ AWAY) I've had in months!

How green are you?

MÓDULO 3

PARTE A How green are you?

Pré-leitura

Antes de ler o texto ou checar as respostas, sempre siga as seguintes instruções:

- Dê uma olhada rápida no título, figuras, subtítulos, gráficos, desenhos, autor, fonte, palavras em destaque, formato geral etc. Isso o ajudará a antecipar o tipo de texto e o conhecimento que precisará ativar para lê-lo.
- Sempre que possível, procure situar o texto, refletindo sobre o possível autor, leitor, quando e onde foi publicado e com que propósito.
- Em uma folha de papel em branco, faça um *brainstorming* do tema central do texto, ou seja, escreva tudo o que o título lhe traz à cabeça em inglês em um minuto. Use principalmente verbos e substantivos. Essa técnica o ajudará a ativar a linguagem necessária para uma leitura mais fácil do texto.
- Após a leitura verifique o quanto você conseguiu prever a respeito do texto antes mesmo de tê-lo lido!

1. Em sua opinião, quais das figuras abaixo melhor ilustram o assunto do texto?

FOCO
ANTECIPAÇÃO DO ASSUNTO DO TEXTO QUE SERÁ LIDO

1 ☐

2 ☐

3 ☐

4 ☐

II. Em sua opinião, o texto que você vai ler é mais próximo de qual tipo abaixo? Assinale uma das alternativas.

1 ☐ e-mail
2 ☐ diálogo informal
3 ☐ letra de música
4 ☐ questionário
5 ☐ propaganda

FOCO
ANTECIPAÇÃO DO TIPO DE TEXTO QUE SERÁ LIDO

III. Todo texto tem um propósito comunicativo. Qual você acha que é o propósito comunicativo do texto que você vai ler? Assinale uma das alternativas abaixo.

FOCO
ANTECIPAÇÃO DA FUNÇÃO COMUNICATIVA DO TEXTO QUE SERÁ LIDO

1 ☐ discutir maneiras de preservar a natureza
2 ☐ dar instruções de como preservar o meio ambiente
3 ☐ avaliar os seus hábitos de preservação do meio ambiente
4 ☐ vender produtos naturais

Leitura

Agora leia o texto e verifique se as suas expectativas estavam corretas. Em seguida, confira as respostas no final do livro.

"How **green** *are you?"*

Are you eco-friendly or an ecological disaster? Have you ever wondered how much of an impact you have on the environment? Take this short quiz and find out!

1 You normally go to work or school...
ⓐ on foot or bike.
ⓑ on public transportation (bus or subway).
ⓒ by car.

2 You buy a new cell phone...
ⓐ only when your old one dies.
ⓑ every few years or so.
ⓒ whenever a new model comes out.

3 The garbage at home is...
ⓐ separated into paper, plastics, glass and metals for recycling.
ⓑ sometimes or partly separated for recycling.
ⓒ never separated for recycling.

4 How would you characterize your shopping style?
ⓐ I only buy what I really need.
ⓑ I sometimes treat myself to presents.
ⓒ I live to shop!

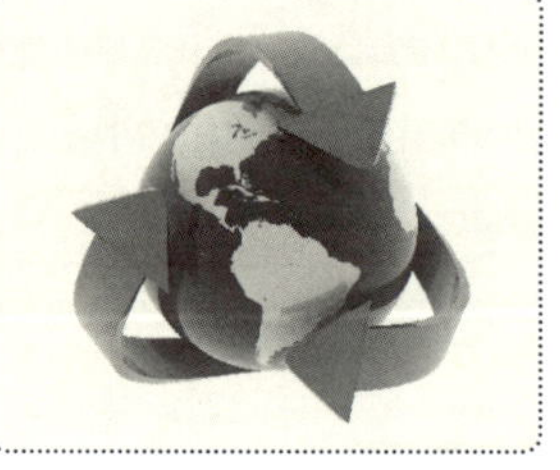

5 Before I buy something I ask myself:
ⓐ Is it an ecological product?
ⓑ Can I afford it?
ⓒ Do they take VISA?!

6 You need something from the store. It's 5 blocks from home. You...
ⓐ walk or go by bike.
ⓑ walk or drive, depending on how you feel.
ⓒ drive. It's faster!

7 On average, in one month you drive...
ⓐ less than 100 km.
ⓑ between 100 km and 400 km.
ⓒ more than 400 km.

8 When given the option, you buy 'green' products...
ⓐ always and no matter what the price is.
ⓑ if they're not much more expensive than other products.
ⓒ only if they're the same price or cheaper than other products.

KEY – *Now let's check your score! Use the table below to add up your total score:*

Letter ⓐ	1 point
Letter ⓑ	2 points
Letter ⓒ	3 points

8-12 POINTS. **You're green!** The planet needs more people like you! You think about your actions and the consequences they may have on the planet. Good for you! Good for the environment!
12-16 POINTS. **You're not exactly eco-friendly**, but you're a long way from being a burden on the environment. Try to think a little more about how your actions may be affecting our planet and make a few lifestyle changes. For a start, leave the car at home and walk more!
16-24 POINTS. **Mother Nature probably isn't** very pleased with you! You have to seriously reconsider your lifestyle and shopping habits. Start by thinking about what's good for the environment and not just what's good for you.

Pós-leitura

IV. Assinale verdadeiro (V) ou falso (F), de acordo com o texto.

FOCO
COMPREENSÃO DO TEXTO

1 ☐ O questionário tem a intenção de avaliar os hábitos diários de preservação da natureza do leitor.

2 ☐ A pessoa que faz entre 8-12 pontos no teste demonstra plena consciência da importância de se preservar o meio ambiente.

3 ☐ A pessoa que faz entre 16-24 pontos no teste ainda precisa ajustar seus hábitos para estar em total harmonia com o meio ambiente.

4 ☐ A pessoa que atinge 12-16 pontos no teste representa um fardo para a conservação do planeta.

Explorando a linguagem do texto

FOCO
ASSOCIAÇÃO TÍPICA DE PALAVRAS/ COLOCAÇÕES

V. Complete as lacunas com uma palavra, formando colocações extraídas do texto. Então, indique os equivalentes mais próximos em português. A primeira letra da palavra é dada como dica. Se não conseguir fazer de memória, leia o texto novamente e identifique as colocações no seu contexto de uso.

COLLOCATIONS	EQUIVALENTES EM PORTUGUÊS
1 e__________ disaster	☐ a mãe natureza
2 e__________ friendly	☐ b verde (que não agride o meio ambiente)
3 s__________ style	☐ c desastre ecológico
4 e__________ product	☐ d produto ecológico
5 g__________ products	☐ e estilo de consumo
6 m__________ nature	☐ f produtos verdes/ ecológicos

FOCO
ASSOCIAÇÃO TÍPICA DE PALAVRAS/ COLOCAÇÕES

VI. Complete as perguntas abaixo com um verbo do quadro. Então, associe as perguntas às respostas mais prováveis.

separate – reconsider – take – have – have

Questions

1 Do you ________________ your garbage for recycling at home?
2 Would you say you ________________ a moderate shopping style?
3 Do they________________ credit cards at the places where you shop?
4 Do you think you should ________________ your lifestyle and shopping habits?
5 Do you think your living habits ________________ a great impact on the environment?

Answers

a) ☐ Sure. Everyone takes credit cards these days.
b) ☐ Absolutely! We have bins for metals, plastics, glass and paper.
c) ☐ No doubt they have some impact, but I try to be as eco-friendly as possible in my living habits.
d) ☐ Well, not really. I'm a bit of a compulsive shopper really.
e) ☐ Yes, I probably should. I suppose I could shop for green products more and drive less.

Real English

VII. As palavras em negrito associam-se naturalmente a algumas das palavras do quadro, funcionando como adjetivos. Assinale as alternativas corretas – note que mais de uma alternativa é possível. Então, compare as suas respostas às evidências reais do *corpus*.

FOCO
PADRÕES DE USO

	environmental	*ecological*	*natural*
1 damage	☐	☐	☐
2 change	☐	☐	☐
3 habitat	☐	☐	☐
4 resources	☐	☐	☐
5 thinking	☐	☐	☐
6 group	☐	☐	☐
7 fibre	☐	☐	☐
8 study	☐	☐	☐
9 niche	☐	☐	☐
10 beauty	☐	☐	☐
11 selection	☐	☐	☐
12 gas	☐	☐	☐

1 d any other war which created an **environmental** catastrophe. [p] I know you will
2 express our deep concern at the **environmental** damage the proposal would create
3 tes, particularly in relation to **environmental** change and pollution. Stream
4 the most thorough and objective **environmental** studies which take account of the
5 d official in the `Department of **Environmental** Affairs", and were asked to advis
6 d to carry on.' [p] According to **Environmental** Health Officer David Worthington,
7 ince last August. My interest in **environmental** work was a result of studying
8 ation Explosion", which warns of **environmental** castrophe if urgent action isn't
9 ess efficiency and the human and **environmental** degradation that has accompanied
10 's hard to find money to support **environmental** organizations in Japan. You can
11 hem. [p] Keith Riopel (Wisconsin **Environmental** Decade There seems to be somethi
12 ey Flintoff, newscaster: [p] The **Environmental** Protection Agency wants existing
13 m government or it could be from **environmental** groups it could be from you know
14 o a much wider nexus of emerging **environmental** policy. That must be beneficial.
15 the National Institute of Global **Environmental** Change and they have different

1 rail as a sensible, economic and **ecological** alternative to ever increasing use
2 has changed from a conventional **ecological** study (part of a Bagrut requirement)
3 with a legacy of economic chaos, **ecological** disaster and ethnic conflict. Never
4 ic are in danger of irreversible **ecological** damage. Some delegates said savings
5 on keeping Antarctica's fragile **ecological** balance untouched. These groups, led
6 a. [p] They maintain a delicate **ecological** balance which allows tropical fish
7 no consideration for any kind of **ecological** consequences. The lower reaches of
8 mammal and had secured a stable **ecological** niche. [p] This raises the interest
9 re this larger psychological and **ecological** system in which the child's develop
10 sasters. It's a sort of walking **ecological** time bomb. On the other hand, it's
11 is [ZGY] of the information erm **ecological** theory is [ZGY] saying that these fl
12 it just a belief in you know an **ecological** perspective looking at the world t
13 verging with the social you know **ecological** thinking converging with social an
14 designed to provide a basis for **ecological** land use [ZF1] f [ZF0] for the
15 d [M01] Right. [M02] But that er **ecologica l** change or vegetation ch natural vege

1 baby hairbrush, nail scissors, a **natural** fibre sponge, an unbleached cotton
2 the Chilterns Area of Outstanding **Natural** Beauty and that your appeal should be
3 condenser mic. [p] High-quality, **natural** sounding stereo cardioid condenser
4 0s and a former researcher at the **Natural** History Museum) hoards things. He's
5 and Religion [f] Field Museum of **Natural** History Publication 154. [p] Lawrence,
6 stroke. Little is known about the **natural** course of bulimia, because it is such
7 the world's biggest producer of **natural** antidotes to snake venom, believes the
8 Edberg added: `Courier is not a **natural** grass court player. He's playing great
9 His mission to see them in their **natural** habitat took the North London Cockney
10 why were they selected? How can **natural** selection operate on a hidden ability?
11 ability here. Dan Reicher of the **Natural** Resources Defense Council agrees with
12 picture [/c] [h] ORIGINS [/h] [p] **Natural** Resources Inc. [tref] [h] AVIS [/h]]
13 our blinds, choose Pecan, Oak, or **Natural** stained finish; Alabaster or White d
14 that of the natural var from the **natural** variability that one can have. [M01]
15 al sugars into alcohol while the **natural** gas produced escapes through a so

Recapitulando

VIII. Reescreva o texto original, completando as lacunas com a alternativa correta. Procure fazer o exercício de memória e somente no final verifique as respostas.

FOCO
LINGUAGEM INTEGRAL DO TEXTO

"How **green** *are you?"*

Are you eco-________________ (1. FRIEND/ FRIENDLY) or an ecological disaster? Have you ever wondered how much of an impact you have ____ (2. ON/ IN) the environment? Take this short quiz and find out!

1 You normally go to work or school...

ⓐ ______________ (3. BY/ ON) foot or bike.
ⓑ ______________ (4. IN/ ON) public transportation (bus or subway).
ⓒ ______________ (5. BY/ IN) car.

2 You buy a new cell phone...

ⓐ only when your old one ______________ (6. DIES/ FINISHES).

ⓑ every few years or so.

ⓒ whenever a new model comes __________ (7. IN/ OUT).

3 The garbage at home is...

ⓐ separated into paper, plastics, glass and metals for ______________ (8. TO RECYCLE/ RECYCLING).

ⓑ sometimes or partly separated ________ (9. FOR/ TO) recycling.

ⓒ never separated for ________________ (10. RECYCLING/ RECYCLE)

4 How would you characterize your shopping style?

ⓐ I only buy what I really need.

ⓑ I sometimes ____________ (11. GIVE/ TREAT) myself to presents.

ⓒ I live to shop!

5 Before I buy something I ask myself:

ⓐ Is it an __________________ (12. ECOLOGIC/ ECOLOGICAL) product?

ⓑ Can I afford it?

ⓒ Do they ____________ (13. TAKE/ GET) VISA?!

6 You need something from the store. It's 5 blocks from home. You...

ⓐ walk or go by bike.

ⓑ walk or drive, depending __________ (14. ON/ OF) how you feel.

ⓒ drive. It's faster!

7 ________ (15. IN/ ON) average, in one month you drive...

ⓐ less than 100 km.

ⓑ between 100 km and 400 km.

ⓒ more than 400 km.

8 When given the option, you buy 'green' products...

ⓐ always and ____________ (16. DOESN'T/ NO) matter what the price is.

ⓑ if they're not much more expensive ____________ (17. THEN/ THAN) other products.
ⓒ only if they're the same price or ______________ (18. CHEAPER/ MORE CHEAP) than other products.

KEY – *Now let's check your ______________ (19. POINTS/ SCORE)! Use the table below to add ______________ (20. DOWN/ UP) your total score:*

Letter ⓐ	1 point
Letter ⓑ	2 points
Letter ⓒ	3 points

8-12 POINTS. **You're green!** The planet needs more people ________ (21. LIKE/ AS) you! You think about your actions and the consequences they may have ________ (22. ON/ IN) the planet. Good for you! Good for the environment!
12-16 POINTS. **You're not exactly eco-friendly**, but you're a long ___________ (23. DISTANCE/ WAY) from ____________ (24. TO BE/ BEING) a burden on the environment. Try __________________ (25. TO THINK/ THINKING) a little more about how your actions may be affecting our planet and _________ (26. DO/ MAKE) a few lifestyle changes. For a start, leave the car at home and walk more!
16-24 POINTS. **Mother Nature probably isn't** very pleased with you! You have to ______________________ (27. ABSOLUTELY/ SERIOUSLY) reconsider your lifestyle and shopping habits. Start by ______________ (28. THINK/ THINKING) about what's good for the environment and not just what's good for you.

PARTE B Wanna litter? Fine.

Pré-leitura

Antes de ler o texto ou checar as respostas, leia as informações abaixo.
Você vai ler um diálogo entre duas pessoas em um carro. Leia o texto e responda as questões que seguem.

Leitura

" **KYMP FM RADIO New York:** *30-second slot for NYC anti-littering campaign."*

(COUPLE DRIVING IN CAR – SOUND OF ENGINE)

Woman Would you look at that jerk! He just tossed a lit cigarette out of his car!

Man Relax. Don't worry about it.

Woman Relax?! What are you talking about? He could start a fire! Man, it makes me mad when someone does that! It's totally irresponsible!

(POLICE SIRENS GETTING LOUDER)

Man Well, look behind you. He'll get his.

(BOTH LAUGHING)

Voiceover Wanna litter? Fine. It'll cost you 120 dollars for littering on the highway or as much as 800 dollars if you get caught tossing a lit cigarette. Littering is bad for the environment ... and your wallet! Think about it.

Woman Did you see the look on his face?

Man Smoking will do that to you.

Woman So will a ticket! Serves him right!

Pós-leitura

I. O texto acima é mais próximo de que tipo de texto? Assinale uma das alternativas abaixo.

FOCO
TIPO DE TEXTO

a) ☐ palestra
b) ☐ anúncio público em rádio
c) ☐ letra de música
d) ☐ seriado de televisão
e) ☐ peça de teatro

II. Todo texto tem um propósito comunicativo. Qual é o propósito comunicativo do texto acima? Assinale uma das alternativas abaixo.

1 ☐ contar uma história
2 ☐ conscientizar/ educar a população
3 ☐ vender um produto
4 ☐ dar instruções de como fazer algo

FOCO
PROPÓSITO COMUNICATIVO DO TEXTO

III. Assinale verdadeiro (V) ou falso (F), de acordo com o texto.

FOCO
COMPREENSÃO DO TEXTO

1 ☐ O homem dirigindo não se importa com o fato de alguém jogar lixo pela janela.
2 ☐ A polícia viu a pessoa jogando um cigarro aceso pela janela.
3 ☐ A pessoa que joga o cigarro pela janela tomou uma multa.
4 ☐ A multa de jogar um cigarro aceso na estrada não passa de 120 dólares.

Explorando a linguagem do texto

IV. Coloque as palavras na ordem correta, formando expressões típicas extraídas do texto. Em seguida assinale o equivalente em português que mais se aproxima da expressão em inglês.

FOCO EXPRESSÕES

1 Don't about it worry.

---

a) ☐ Não tenha medo.
b) ☐ Não se preocupe.

2 About what are you talking?

---

a) ☐ O que você está tentando me dizer?
b) ☐ Do que você está falando?

3 It makes mad me.

---

a) ☐ Eu estou ficando louco.
b) ☐ Isso me dá nos nervos.

4 He'll his get.

---

a) ☐ Ele vai conseguir.
b) ☐ Ele vai receber o que merece.

5 About it think.

---

a) ☐ Pense nisso.
b) ☐ Dê a sua opinião.

6 Right serves him!

---

a) ☐ Isso serve para ele.
b) ☐ Bem feito para ele!

Recapitulando

V. Reescreva o texto original, completando as lacunas com a alternativa correta. Procure fazer um exercício de memória e somente no final verifique as respostas.

FOCO
LINGUAGEM INTEGRAL DO TEXTO

"KYMP FM RADIO New York: *30-second slot for NYC anti-littering campaign.*"

(COUPLE DRIVING IN CAR – SOUND OF ENGINE)

Woman ____________ (1. COULD/ WOULD) you look at that jerk! He ____________ (2. JUST/ ONLY) tossed a ____________ (3. LIT/ LIGHT) cigarette out of his car!

Man Relax. Don't worry ____________ (4. ABOUT/ WITH) it.

Woman Relax?! What are you talking ____________ (5. OVER/ ABOUT)? He could ____________ (6. BEGIN/ START) a fire! Man, it ____________ (7. GETS/ MAKES) me mad when someone does that! It's ____________ (8. COMPLETELY/ TOTALLY) irresponsible!

(POLICE SIRENS GETTING LOUDER)

Man Well, look behind you. He'll .... (9. WIN/ GET) his.

(BOTH LAUGHING)

Voiceover ____________ (10. DO YOU WANT TO/ WANNA) litter? Fine. It'll cost you 120 dollars for ____________ (11. LITTERING/ LITTER) on the highway or as much as 800 dollars if you ____________ (12. BECOME/ GET) caught tossing a lit cigarette. Littering is bad ____________ (13. FOR/ TO) the environment ... and your wallet! Think about it.

Woman Did you see the look ____________ (14. IN/ ON) his face?

Man Smoking will ____________ (15. MAKE/ DO) that to you.

Woman So ____________ (16. DOES/ WILL) a ticket! ____________ (17. WELL DONE!/ SERVES HIM RIGHT!)

Getting the runaround

MÓDULO

4

PARTE A # One unhappy customer

Pré-leitura

Antes de ler o texto ou checar as respostas, sempre siga as seguintes instruções:

- Dê uma olhada rápida no título, figuras, subtítulos, gráficos, desenhos, autor, fonte, palavras em destaque, formato geral etc. Isso o ajudará a antecipar o tipo de texto e o conhecimento que precisará ativar para lê-lo.
- Sempre que possível, procure situar o texto, refletindo sobre o possível autor, leitor, quando e onde foi publicado e com que propósito.
- Em uma folha de papel em branco, faça um *brainstorming* do tema central do texto, ou seja, escreva tudo o que o título lhe traz à cabeça em inglês em um minuto. Use principalmente verbos e substantivos. Essa técnica o ajudará a ativar a linguagem necessária para uma leitura mais fácil do texto.
- Após a leitura verifique o quanto você conseguiu prever a respeito do texto antes mesmo de tê-lo lido!

1. Em sua opinião, o texto que você vai ler é mais próximo de que tipo abaixo? Assinale uma das alternativas.

1 ☐ coluna de jornal
2 ☐ diálogo informal
3 ☐ carta informal
4 ☐ propaganda
5 ☐ carta formal

FOCO
ANTECIPAÇÃO DO TIPO DE TEXTO QUE SERÁ LIDO

Leitura

Agora leia o texto e responda às questões que seguem.

January 23, 2009

Attn: **Mr. Robert R. Turner**
Customer Relations Manager
Rogers Communication
1162 Sherbrooke Street West, suite 409
Montreal, Quebec

Dear Mr. Turner,

I am writing this letter to bring to your attention the unfortunate matter of my unending problems with my broadband Internet connection and the failure of your company to straighten the matter out. I have been a user of your Internet service for almost two months and can honestly say that there has not been a single day when the Internet service has been adequate.

My complaint with your Internet service is that the connection is too slow or fails to connect altogether. When I signed up for your service I was promised an 8 Mbps speed connection, which unfortunately has not been the case. Since I work out of my home office I really need a dependable high-speed connection.

After weeks of unsatisfactory performance I called your support line and spoke to Mr. Yan Mersch about the problem. He promised to send a technician the next day to my house to test the connection. A week passed and no one came to see about the problem. I then took up the issue with Ms. Susan Werner at customer relations who informed me that the company was not responsible for the quality of the connection in residential installations, only in commercial ones. I fail to see why you would treat your residential customers with such indifference if they are paying the same rate as commercial customers for Internet service. As a paying customer I feel I am entitled to the same service and attention as any other.

For this reason I ask that you please look into this matter right away and send someone to fix the problem with my connection. I am afraid that if Rogers cannot correct the problem with my Internet connection, I will have to look for another Internet provider.

I look forward to hearing from you.

Sincerely,
Nancy Glasser
137 Fairlawn Crescent
Beaconsfield, Quebec

Curiosidades

Pronomes de tratamento em inglês.
Mr. = Senhor
Mrs. = Senhora
Ms. = Senhora ou Senhorita
Miss = Senhorita

Em inglês, usamos os pronomes de tratamento antes do sobrenome de uma pessoa a que nos referimos, e nunca com o primeiro nome apenas. Por exemplo, ao nos endereçarmos ou referirmos ao "Sr. John Smith", podemos dizer "Mr. Smith" ou ainda "Mr. John Smith", mas nunca "Mr. John". Usamos "Miss" para nos referirmos a uma mulher solteira e "Mrs." para uma mulher casada. Quando não sabemos o estado civil ou a informação de estado civil não é relevante, usamos "Ms." - geralmente em correspondência profissional escrita. Note que em inglês britânico, geralmente não se usa o ponto depois do pronome de tratamento (e.g.: "Mr Smith", "Mrs Smith").

Pós-leitura

II. Todo texto tem um propósito comunicativo. Qual é o propósito comunicativo do texto que você leu? Assinale uma das alternativas abaixo.

FOCO
PROPÓSITO COMUNICATIVO DO TEXTO

1 ☐ descrever um produto
2 ☐ vender um produto
3 ☐ reclamar de um serviço
4 ☐ dar instruções de como fazer algo

III. Quem escreve o texto? Para quem? Circule uma das opções abaixo.

1 ☐ Professor - pais de aluno
2 ☐ Consumidor - gerente de atendimento ao consumidor
3 ☐ Gerente de loja - fabricante
4 ☐ Leitor - coluna de jornal

FOCO
SITUAÇÃO COMUNICATIVA E LINGUAGEM DO TEXTO

IV. Numere as sentenças abaixo de 1 a 5, de acordo com a ordem em que os eventos ocorrem no texto.

FOCO
COMPREENSÃO DO TEXTO

1 ☐ Nancy liga para o departamento de suporte técnico para reclamar de problemas na conexão com a Internet.
2 ☐ Nancy aguarda a visita de um técnico à sua casa por uma semana.
3 ☐ Nancy escreve uma carta para o Sr. Turner, gerente de relacionamento com o consumidor.
4 ☐ Nancy decide contratar os serviços de Internet da empresa Rogers Communication.
5 ☐ Susan Werner diz à Nancy que a empresa não é responsável pela qualidade da conexão em instalações residenciais.

FOCO
COMPREENSÃO DO TEXTO

V. Agora leia o texto novamente e assinale verdadeiro (V) ou falso (F) para os enunciados que seguem.

1 ☐ A Sra. Glasser está escrevendo para reclamar de um problema com a conexão de Internet de banda larga.
2 ☐ A Sra. Glasser utiliza os serviços da empresa Rogers Communication há quase dois anos.
3 ☐ O serviço de Internet não apresenta problemas todos os dias.
4 ☐ A reclamação da Sra. Glasser é de que a conexão é muito lenta ou apresenta problemas.

5 ☐ A Sra. Glasser questiona a razão de se tratar os clientes residenciais com tanta indiferença se eles estão pagando a mesma tarifa que os clientes comerciais pelo serviço de Internet.

Explorando a linguagem do texto

VI. Os itens do cabeçalho de uma carta formal geralmente obedecem a uma ordem. Baseando-se no cabeçalho da carta que lemos, corrija o cabeçalho abaixo.

2009, July 23.

Sales Department Manager
Stock Souvenirs
Attn: Mrs. Claire F. Smith
White Street, 45
Florida, Miami

FOCO
ESTRUTURA DE UMA CARTA FORMAL EM INGLÊS

1 ____________________
2 ____________________
3 ____________________
4 ____________________
5 ____________________
6 ____________________

VII. Cada parágrafo da carta tem uma função comunicativa. Enumere a estrutura interna da carta, de acordo com o texto.

1 ☐ Explicitação das consequências, caso as medidas necessárias não sejam tomadas.
2 ☐ Apresentação e contextualização.

FOCO
ESTRUTURA DE UMA CARTA FORMAL EM INGLÊS

3 ☐ Saudação.
4 ☐ Apresentação ou reivindicação de uma solução.
5 ☐ Fechamento.
6 ☐ Explicitação do problema.

VIII. Coloque as expressões de saudação e fechamento de cartas em inglês do quadro abaixo na categoria correta.

FOCO
ESTRUTURA DE UMA CARTA FORMAL EM INGLÊS

Kisses – Hello Lucy – Hi Dave – Sincerely – Kindest regards – Hugs – Dear Sir/ Madam – Cordially – Faithfully yours – Later – Dear Mr. Brown – Love – What's up John! – Hey Sarah! – Dear Mrs. Silva – Dear Ms Renata Davidson

CARTA FORMAL	CARTA INFORMAL
Saudações	**Saudações**
________________	________________
________________	________________
________________	________________
________________	________________
Fechamentos	**Fechamentos**
________________	________________
________________	________________
________________	________________
________________	________________

IX. O uso de abreviações é geralmente evitado em cartas formais em inglês. Coloque as formas abreviadas em itálico nas sentenças abaixo na forma plena. A primeira já está feita.

FOCO
A LINGUAGEM FORMAL EM INGLÊS

1 I'*m* writing this letter...
I *am* writing this letter...

2 I'*ve* been a user of your Internet service for almost two months.

---

3 There *hasn't* been a single day when the *Internet's* been adequate.

---

4 Ms. Susan Werner at customer relations informed me that the company *wasn't* responsible for the quality of the connection in residential installations.

---

5 I'*m* afraid that if Rogers *can't* correct the problem with my Internet connection, I'*ll* have to look for another Internet provider.

FOCO
A LINGUAGEM FORMAL DE UMA CARTA EM INGLÊS

X. As expressões abaixo são típicas de cartas formais em inglês. Identifique no texto o significado das expressões, então, associe-as aos equivalentes em linguagem mais simples e coloquial em inglês.

1 bring to your attention
2 the unfortunate matter
3 straighten the matter out
4 unsatisfactory performance
5 took up the issue
6 I feel I am entitled to
7 look into this matter

a) ☐ do something about the problem
b) ☐ fix the problem
c) ☐ tell you about
d) ☐ discussed the problem
e) ☐ not working
f) ☐ the problem
g) ☐ I want/ I expect

Recapitulando

XI. Reescreva o texto original, completando as lacunas com a alternativa correta. Procure fazer o exercício de memória e somente no final verifique as respostas.

FOCO
LINGUAGEM INTEGRAL DO TEXTO

January 23, 2009

Attn: **Mr. Robert R. Turner**
Customer Relations Manager
Rogers Communication
1162 Sherbrooke Street West, suite 409
Montreal, Quebec

_______________ (1. HELLO/ DEAR) Mr. Turner,

I _____ (2. AM/ 'M) writing this letter to _____________ (3. TAKE/ BRING) to your attention the unfortunate matter of my unending problems with my broadband Internet connection and the _______________ (4. FAULT/ FAILURE) of your company to straighten the matter ______ (5. UP/ OUT). I __________ (6. AM/ HAVE BEEN) a user of your Internet service __________ (7. FOR/ SINCE) almost two months and can honestly say that there has not been a ________________ (8. UNIQUE/ SINGLE) day when the Internet service has been adequate.

My _________________ (9. COMPLAIN/ COMPLAINT) with your Internet service is that the connection is too ____________ (10. SLOWLY/ SLOW) or fails to connect altogether. When I signed up __________ (11. TO/ FOR) your service I was promised an 8 Mbps speed connection, ___________ (12. WHO/ WHICH) unfortunately has not been the case. Since I work out of my ______________________ (13. HOUSE/ HOME) office I really need a dependable high-speed connection.

After weeks of unsatisfactory performance I _______________ (14. CALLED/ CALLED TO) your support line and spoke to Mr. Yan Mersch about the problem. He promised to send a technician the next day to my house to test the connection. A week passed and no one came to ____________ (15. CHECK/ SEE) about the problem. I then ____________ (16. TOOK/ GOT) up the issue with Ms. Susan Werner at customer relations ________________ (17. WHO/ WHICH) informed me that the company was not responsible for the quality of the connection in residential installations, only in commercial ___________________ (18. INSTALLATIONS/ ONES). I fail to see why you would treat your residential customers with _______ (19. SO/ SUCH) indifference if they are paying the same ________ (20. RATE/ PRICE) as commercial customers for Internet service. As a _______________ (21. PAID/ PAYING) customer I feel I am entitled ________ (22. TO/ FOR) the same service and attention as any other.

For this reason I ask that you please look _____________ (23. UP/ INTO) this matter right away and send someone to fix the problem with my connection. I am afraid that if Rogers cannot correct the problem with my Internet connection, I will have to look _______________ (24. AFTER/ FOR) another Internet provider.

I look forward to ________________ (25. HEAR/ HEARING) from you.

_____________________, (26. SINCERELY/ BYE)

Nancy Glasser
137 Fairlawn Crescent
Beaconsfield, Quebec

PARTE B

Getting the runaround from a call center

Pré-leitura

O texto que segue é um diálogo entre Nancy e um operador de atendimento ao consumidor da empresa Rogers Communication. Leia o texto e responda às questões que seguem.

Leitura

"Getting the runaround from a call center"

(TELEPHONE RINGING)

Recording "You have reached the Rogers Communication customer support line. Your call is very important to us. Please have your customer number on hand. Dial 1 to sign up for Rodgers cable or Internet service. Dial 2 for information about our new cable TV and Internet packages. Dial 3 for information about your account. Dial 4 for technical support. Dial 9 to hear these options again."

BEEP (DIALING 3) ... MUSIC (ON HOLD) ...

Dave Hello, this is Dave. How can I help you today?

Nancy Uh, yeah. I want to cancel my account.

Dave Can I get your name and account number please?

Nancy Sure. Nancy, Nancy Glasser. My account number is 451121. I want you to cancel my account please.

Dave	I'm sorry to hear that Nancy. Is there a problem with our service?
Nancy	Yes, as a matter of fact, there is. The connection is too slow.
Dave	Let me put you through to technical support then.
Nancy	No, I've already spoken to them. Three times! Look, I just want to cancel my account. Can you do that for me?
Dave	Yeah, I could, but is that really what you want? I mean, if the connection is too slow we can send someone over to look at it.
Nancy	Look, I've been waiting for the technician's visit for over two weeks. Enough is enough. Just cancel the account.
Dave	Wait, let me put you through to the customer service manager... I'm sure he can fix the problem.
Nancy	I don't want to talk to him, o.k.? I just want to cancel my account. Are you listening to me at all? Cancel... the... account...
Dave	Say, Nancy, what about if we give you three months of free Internet to stay on?
Nancy	Look... Dave?... It's Dave, isn't it? Dave... Just cancel my account, will you?
Dave	Can I put you on hold a minute while I call my supervisor?
Nancy	No!... (MUSIC ... ON HOLD) Oh, for God's sake!

Pós-leitura

I. Qual é o propósito comunicativo do texto? Assinale uma das alternativas abaixo.

FOCO
PROPÓSITO COMUNICATIVO DO TEXTO

1 ☐ alertar alguém dos perigos de algo
2 ☐ contar uma história
3 ☐ convencer alguém de uma ideia
4 ☐ descrever algo ou dar instruções de como fazer algo
5 ☐ resolver um problema

II. Marque verdadeiro (V) ou falso (F), de acordo com o texto.

FOCO
SITUAÇÃO COMUNICATIVA E LINGUAGEM DO TEXTO

1 ☐ O diálogo ocorre entre duas pessoas.
2 ☐ O diálogo ocorre face a face.
3 ☐ A linguagem usada pelos dois participantes do diálogo é informal e espontânea.
4 ☐ Os participantes do diálogo são amigos.

FOCO
COMPREENSÃO DO TEXTO

III. Leia o texto novamente. Marque verdadeiro (V) ou falso (F), de acordo com o texto.

1 ☐ A voz da gravação pede que a pessoa tenha o seu número de cartão de crédito em mãos.
2 ☐ O assunto central do texto é a tentativa de cancelamento da assinatura de serviços de Internet.
3 ☐ Dave insiste em solucionar o problema da Internet.
4 ☐ Dave oferece três meses de gratuidade para que Nancy continue com o plano.
5 ☐ Nancy aceita falar com o gerente e diz estar disposta a continuar com a assinatura.

Explorando a linguagem do texto

FOCO
ASSOCIAÇÃO TÍPICA DE PALAVRAS/ COLOCAÇÕES

IV. Complete as perguntas com a palavra correta do quadro. Então, ligue as perguntas às respostas mais prováveis.

service – support – technical – hold – sign up

Perguntas

1 When did you ______________ for your Internet service?
2 Have you found ______________ support to be helpful?
3 Have you ever called a ______________ line for help?

4 Do you like it when someone puts you on ________________?
5 Are you satisfied with the customer ________________ of your Internet provider?

Respostas

a) ☐ Let me see... I think it was about three years ago.
b) ☐ Sure. Lots of times.
c) ☐ Not at all! I can't stand it when I'm put on hold!
d) ☐ For the most part, yes. The service is pretty good.
e) ☐ Definitely! Technical support has solved most of my problems.

V. Complete as perguntas com a palavra correta do quadro. Então, ligue as perguntas às respostas mais prováveis.

FOCO
ASSOCIAÇÃO TÍPICA DE PALAVRAS/ COLOCAÇÕES

gotten – account – canceling – service – cable

Perguntas

1 Do you normally have your ________________ number on hand when you phone a call center?
2 Have you ever had trouble ________________ an account?
3 Does your Internet provider offer different ________________ TV and Internet packages?
4 Have you ever ________________ the runaround from a call center?
5 Are you happy with your Internet ________________ provider?

Respostas

a) ☐ Just once when I tried to cancel my cable TV service. What a nightmare that was!
b) ☐ They offer a few different Internet packages, but no cable TV.
c) ☐ I guess so. The service has been pretty good so far, so I'd say I'm happy.

d) ☐ Who hasn't? It seems that most call centers give you the runaround.
e) ☐ I keep my account number by the phone. They always ask for it.

VI. Reescreva as expressões abaixo extraídas do texto colocando as palavras na ordem correta em inglês. Então, assinale a alternativa que melhor traduz a expressão em português.

FOCO
EXPRESSÕES

1 How can I today help you?

----

a) ☐ Como posso socorrê-lo hoje?
b) ☐ Como posso ajudá-lo hoje?

2 Can I your name get and account number please?

----

a) ☐ Eu posso obter o seu nome e o número da conta, por favor?
b) ☐ Você pode me passar o seu nome e número da conta, por favor?

3 I'm sorry to that hear.

----

a) ☐ Sinto muito, eu não ouvi.
b) ☐ Sinto muito.

4 As a fact of matter, the problem hasn't been solved yet.

----

a) ☐ Como uma questão de fato, o problema não foi resolvido ainda.
b) ☐ Na verdade, o problema não foi resolvido ainda.

5 Let me to put you through technical support.

----

a) ☐ Deixe-me colocá-lo através do suporte técnico.
b) ☐ Deixe-me transferi-lo para o suporte técnico.

6 Enough enough is.

----

a) ☐ Para tudo tem limites.
b) ☐ O suficiente é o suficiente.

7 For sake's God!

---

a) ☐ Graças a Deus!
b) ☐ Pelo amor de Deus!

Real English

FOCO
IDENTIFICAÇÃO DE PADRÃO DE USO

VII. Uma das maneiras mais eficazes de se aprender ou refinar o conhecimento de uma palavra ou expressão é por meio da identificação do contexto e cotexto em que é usada. Observe o cotexto das linhas de concordância abaixo e tente adivinhar a palavra que se encaixa naturalmente na lacuna. Note que as linhas de concordância foram extraídas de textos deste livro.

1 e connection is too slow. - Let me	______	you through to technical support t
2 cancel the account. - Wait, let me		you through to the customer service
3 cel my account, will you? - Can I		you on hold a minute while I call
4 ts." Couchsurfing is unlikely to		the world's hotels and resorts out
5 our plate the right way. See? Just		a little bit of everything on your
6 c flour and... oh, forget it! Just		a little on your plate as well. It
7 u met online? Susan Well, let me		it this way... it wasn't the great

Recapitulando

VIII. Reescreva o texto original, completando as lacunas com a alternativa correta. Procure fazer o exercício de memória e somente no final verifique as respostas.

FOCO
LINGUAGEM INTEGRAL DO TEXTO

"Getting the ________________ (1. RUNABOUT/ RUNAROUND) from a call center"

(TELEPHONE RINGING)

Recording You have ______________ (2. REACHED/ CALLED) the Rogers Communication customer support ________ (3. LINE/ HELP). Your call is very important to us. Please have your customer number ______ (4. ON/ IN) hand. Dial 1 to sign ____________ (5. OVER/ UP) for Rodgers cable or Internet service. Dial 2 for information about our new cable TV and Internet _________ ______ (6. PACKAGES/ PACKETS). Dial 3 for information about your account. Dial 4 for technical support. Dial 9 to ________ (7. LISTEN/ HEAR) these options again.

BEEP (DIALING 3) ... MUSIC (ON HOLD) ...

Dave Hello, ______________ (8. THIS/ HERE) is Dave. How can I help you today?

Nancy Uh, yeah. I want to cancel my account.

Dave Can I ____________ (9. TAKE/ GET) your name and account number please?

Nancy ____________________ (10. SURE/ YES, YOU CAN). Nancy, Nancy Glasser. My account number is 451121. I want you to cancel my account please.

Dave I'm sorry to ____________ (11. LISTEN TO/ HEAR) that Nancy. Is there a problem with our service?

Nancy Yes, as a matter of ____________ (12. FACT/ FACTS) there is. The connection is too slow.

Dave Let me _______________ (13. TRANSFER/ PUT) you through to technical support then.

Nancy No, I've already spoken to them. Three times! Look, I just want to cancel my account. Can you do that for me?

Dave Yeah, I could, but is that really what you want? I mean, if the connection is too slow we can send someone ________ (14. UP/ OVER) to look at it.

Nancy Look, I've been ________ (15. EXPECTING/ WAITING) for the technician's visit for over two weeks. Enough is enough. Just cancel the account.

Dave Wait, let me put you ________ (16. THROUGH/ THOUGH) to the customer service manager... I'm sure he can fix the problem.

Nancy I don't want to talk to him, o.k.? I just want to ________ (17. CANCEL/ FINISH) my account. Are you listening to me at all? Cancel... the... account...

Dave Say, Nancy, what about if we give you three months of free Internet to stay ________ (18. ON/ OVER)?

Nancy Look... Dave? It's Dave, isn't it? Dave... Just cancel my account, will you?

Dave Can I put you on ________ (19. WAIT/ HOLD) a minute while I call my supervisor?

Nancy No!! (music ... on hold) Oh, for God's ________ (20. SAKE/ LOVE)!

Dress for success

MÓDULO

5

PARTE A

How to dress for success

Pré-leitura

Antes de ler o texto ou checar as respostas, sempre siga as seguintes instruções:

- Dê uma olhada rápida no título, figuras, subtítulos, gráficos, desenhos, autor, fonte, palavras em destaque, formato geral etc. Isso o ajudará a antecipar o tipo de texto e o conhecimento que precisará ativar para lê-lo.
- Sempre que possível, procure situar o texto, refletindo sobre o possível autor, leitor, quando e onde foi publicado e com que propósito.
- Em uma folha de papel em branco, faça um *brainstorming* do tema central do texto, ou seja, escreva tudo o que o título lhe traz à cabeça em inglês em um minuto. Use principalmente verbos e substantivos. Essa técnica o ajudará a ativar a linguagem necessária para uma leitura mais fácil do texto.
- Após a leitura verifique o quanto você conseguiu prever a respeito do texto antes mesmo de tê-lo lido!

I. O texto que você vai ler pertence a que tipo? Assinale uma das alternativas abaixo.

1 ☐ artigo de revista
2 ☐ diálogo formal
3 ☐ poema
4 ☐ carta pessoal
5 ☐ biografia

FOCO
ANTECIPAÇÃO DO TIPO DE TEXTO QUE SERÁ LIDO

II. Qual é o propósito comunicativo do texto que você vai ler? Assinale uma das alternativas abaixo.

FOCO
ANTECIPAÇÃO DO PROPÓSITO COMUNICATIVO DO TEXTO QUE SERÁ LIDO

1 ☐ alertar alguém dos perigos de algo
2 ☐ vender um produto
3 ☐ dar dicas de como fazer algo

4 ☐ convencer alguém de uma ideia
5 ☐ contar uma história

Leitura

Agora leia o texto e verifique se as suas expectativas estavam corretas. Em seguida verifique as respostas no final do livro.

"How to **Dress for Success***!"*

The old saying is still true – clothes make the man (or woman)! Gone are the good old days when a man could get by with a wardrobe of dark suits for work and social affairs. Today's office worker has to pick and choose from a variety of colours and cuts, not to mention the baffling world of accessories. However, amid all this confusion there are a few basic rules for men which still apply. If you want to look sharp, then you have to dress for success and that means dressing well. Here are a few tips for making the right impression at work.

Dress modern, but not too modern. If you're still wearing the same suits you wore 20 years ago you're going to give the impression that you're stuck in a time warp. You want people to think that you are on the ball and your ideas are up to date. However, don't go too far! Remember to dress your age. Nothing looks more ridiculous than a man dressing like one of his kids.

Don't be too casual. If you are a boss (or aspire to being one) then you should dress like one. This means always looking neat and tidy. Loafers, open collars and loose ties are a no-no. Remember, you're trying to set an example for your employees or co-workers.

Choose neutral colours. Sure you can get suits in every colour of the rainbow today, but it doesn't mean they're appropriate for the workplace. A yellow suit just doesn't cut the mustard, unless of course you work at a night club! You don't have to limit yourself to Navy blue, but keep to neutral colours like grey, tan or taupe. This goes for shirts and ties too. You can't go wrong with a white shirt and a dark tie.

Shoes should be classic and, above all, clean. No matter how expensive your shoes are, a little dirt on them will make them look cheap and, worst of all, make you look sloppy!

What about jewelry? At one time the only jewelry a man could wear was his watch and wedding ring. Times have changed, but if you want to dress for success then leave the necklace, bracelets or chains for the weekends. Oh, and tattoos and body piercing are out of the question. If you have one, keep it covered up at the office.

Good hygiene says a lot about you as well.

Good hygiene says a lot about you as well. Simple things like trimmed hair and a clean shave say volumes about you. A little aftershave is fine, but watch you don't overdo it. Remember, you want people to think you give the same attention and detail to your work as you give to your appearance!

Pós-leitura

III. Quais das sentenças abaixo refletem os argumentos do autor do texto? Assinale verdadeiro (V) ou falso (F).

FOCO
COMPREENSÃO DO TEXTO

1 ☐ Um homem que aspira ao posto de chefe deve se vestir como tal.

2 ☐ Roupas informais são apropriadas no trabalho, contanto que estejam limpas.

3 ☐ A atenção com a higiene pode dizer muito sobre uma pessoa.

4 ☐ Vista-se com roupas antigas para que as pessoas pensem que você tem ideias tradicionais.

5 ☐ Joias são apropriadas para o fim de semana, mas não no trabalho.

FOCO
COMPREENSÃO DO TEXTO

IV. **Coloque os itens** abaixo na categoria correta, de acordo com o texto.

yellow suit – pink shirt – clean shoes – gold chains – wedding ring – white shirt – grey suit – very modern clothes – jeans – old loafers – dark tie

APROPRIADO PARA SE USAR NO TRABALHO	INAPROPRIADO PARA SE USAR NO TRABALHO
____________	____________
____________	____________
____________	____________
____________	____________
____________	____________
____________	____________

Explorando a linguagem do texto

FOCO
ASSOCIAÇÃO TÍPICA DE PALAVRAS/ COLOCAÇÕES

V. **Complete as perguntas** abaixo com a palavra correta. Em seguida ligue as perguntas às respostas mais prováveis.

social – office – dress – make – wear

Perguntas

1 Do you think ____________ workers should wear jeans at work?

2 Do you normally dress up for ____________ affairs?

3 Can you ____________ any clothes you want to school in Brazil?

4 What ______________________ codes apply where you work?
5 Would you say that clothes help ______________________ the right impression?

Respostas

a) ☐ Why not? As long as the jeans are clean and new.
b) ☐ Well, it depends. In some schools students have to wear a uniform.
c) ☐ My office is pretty informal, but we can't wear t-shirts or running shoes to work.
d) ☐ Usually, yes. I try to wear something nice to formal social affairs.
e) ☐ I sure would! I think our clothes say a lot about us.

VI. Complete as perguntas abaixo com a palavra correta. Em seguida ligue as perguntas às respostas mais prováveis.

neutral – clean – trimmed – set

FOCO
ASSOCIAÇÃO TÍPICA DE PALAVRAS/ COLOCAÇÕES

Perguntas

1 Should a boss ______________________ a good example for his employees?
2 Do you think a ______________________ shave looks more professional at the office?
3 Do you normally wear ______________________ colours at work?
4 Is ______________________ hair important to look good?

Respostas

a) ☐ I think so. Even if you have long hair it looks better trimmed and neat.
b) ☐ Not always. I sometimes wear colourful shirts or ties.
c) ☐ Absolutely. If the boss doesn't set a good example, who will?
d) ☐ Definitely! A clean shave shows you are attentive to detail.

VII. Coloque as palavras na ordem correta, formando expressões típicas extraídas do texto. Volte ao texto e analise o contexto em que a expressão é usada. Em seguida assinale o equivalente em português que mais se aproxima da expressão em inglês.

FOCO
EXPRESSÕES

1 The gone old days are good when...

---

a) ☐ Está por vir o dia em que...
b) ☐ Já se passaram os dias em que...

2 ...on the ball you are.

---

a) ☐ ...você pisa na bola.
b) ☐ ...você está por dentro das coisas.

3 ...loose ties a no-no are.

---

a) ☐ ... gravatas frouxas são imperdoáveis.
b) ☐ ... gravatas frouxas são bacanas.

4 ... just doesn't mustard the cut.

---

a) ☐ ...realmente se destaca.
b) ☐ ...realmente não combina.

5 This for goes... as well.

---

a) ☐ O mesmo vale para... também.
b) ☐ Diferentemente de... também.

6 You go can't wrong with...

---

a) ☐ Você sempre fará sucesso com...
b) ☐ Você nunca fará sucesso com...

7 ...are of the out question.

a) ☐ ...são uma boa pedida.
b) ☐ ...nem pensar.

8 ...say about you volumes.

a) ☐ ...diz muito sobre você.
b) ☐ ...esconde as suas qualidades.

Real English

VIII. Os verbos *dress, wear* e *put on* são palavras com significados semelhantes, porém são usados com diferentes padrões e contextos de uso em inglês. Complete as sentenças do quadro abaixo com *dress(ed)*, *wear* ou *put on*.

FOCO
COLOCAÇÕES; PADRÕES DE USO

	dress(ed)	*wear*	*put on*	
1 He's just a baby. He can't	☐	☐	☐	himself yet.
2 She was very well	☐	☐	☐	.
3 He has to	☐	☐	☐	a uniform to school.
4 Does he always	☐	☐	☐	a suit to the office?
5 He got	☐	☐	☐	and left for work.
6 --	☐	☐	☐	something nice for the party.
7 She	☐	☐	☐	her shoes and went into the garden.
8 You'd better	☐	☐	☐	a sweater. It's cold outside.

Agora observe nas linhas de concordância evidências de uso real dos três verbos e verifique se suas respostas estão corretas.

Dress(ed)

1 me looking after him, helping him **dress**, wash and go to the toilet.
2 were stuffed with rubies. He **dressed** quickly. His clothes, although d
3 river and guard were compelled to **dress** in smocks and straw hats, but the
4 iving. For example, an adult can **dress** herself or eat a meal and chat a
5 stars or happy faces for getting **dressed**. Some children who are a real
6 appropriate for jobs like getting **dressed** without a fuss, clearing up the t
7 not say: Sandy, will you get **dressed** for mummy? Do say: San
8 quoSandy, I would like you to get **dressed** now, please. Make the
9 s perfection itself. Impeccably **dressed** in white tie, top hat and tails,
10 bered, and for an actress quietly **dressed** in sombre cloak and dark bonnet.
11 au Geller and her companion were **dressed** in black and wore visages d'occasi
12 &bquoOn your way,&equo so I got **dressed** and went out and thought, &bquoNo
13 om. Check that those who can **dress** themselves are coping. People f
14 e of these will help residents to **dress** and undress themselves: Velcr
15 If someone has difficulty in **dressing**, make it easier with one or more

Wear

1 so tubular that I could no longer **wear** a belt. With a belt, my trouser
2 age at all, although she did often **wear** a small gold cross about her nec
3 was a real trouper. She used to **wear** a spotless white blouse with an e
4 wear a woolly cap and refused to **wear** a tie. The other friend, who also
5 terproof, and very warm. You can **wear** a tweed coat if you like but you
6 w their individuality rather than **wear** a uniform. Show where
7 entional &mdash he always used to **wear** a woolly cap and refused to wear
8 need to remember that people who **wear** bifocal spectacles have difficulty
9 lours then. Now most followers **wear** black coats and scarlet may be wo
10 ppearance matters, too. What you **wear** is important. If you wear an ove
11 towards each other, Ann agreed to **wear** more attractive clothes, and Char
12 so that the crew does not have to **wear** protective clothing. &bquoPre-we
13 keep it clean and tidy. If you **wear** your own clothes, try to make the

PUT ON

1 blobs of the hot grease would be	**put on**	each eyelash with a hairpin. Gra
2 ugh, get out and dry yourself and	**put on**	fresh clothes dash your home cl
3 f well. He felt good. He had	**put on**	his best button down shirt and st
4 sal pants very long. If you ever	**put on**	long knickers, the others used to
5 However, I said I would try so I	**put on**	my best uniform, nicely pressed,
6 my battledress trousers, but had	**put on**	my uniform skirt with my battledr
7 eat my sandwiches, wash my cup,	**put on**	my coat or whatever I was wearing
8 When we get up in the morning, we	**put on**	our socks, then our shoes. To
9 and managed to comb my hair and	**put on**	some lipstick before going straig
10 nor at that moment did the judge	**put on**	the black cap and say that I must
11 show before outdoor clothes were	**put on**.	There would be a frantic dive
12 ir face make-up, they only had to	**put on**	tights rather than spend a long

Recapitulando

IX. Reescreva o texto original, completando as lacunas com a alternativa correta. Procure fazer um exercício de memória e somente no final verifique as respostas.

FOCO
LINGUAGEM INTEGRAL DO TEXTO

"How to **Dress for Success***!"*

The old saying is still true – clothes __________ (1. DO/ MAKE) the man (or woman)! Gone are the good old days when a man could __________ (2. GET/ KEEP) by with a wardrobe of dark suits for work and social affairs. Today's office worker has to __________ (3. PICK AND CHOOSE/ CHOOSE AND PICK) from a variety of colours and cuts, not to __________ (4. SAY/ MENTION) the baffling world of accessories. __________ (5. HOWEVER/ THIS WAY), amid all this confusion there are a few basic rules for men which still apply. If you want to look __________ (6. WELL/ SHARP), then you have to dress for success and that means dressing well. Here are a few tips for __________ (7. DOING/ MAKING) the right impression at work.

Dress modern, but not too modern. If you're still wearing the same suits you ___________ (8. WEAR/ WORE) 20 years ago you're going to ______ (9. TAKE/ GIVE) the impression that you're stuck in a time warp. You want people to think that you are _______ (10. ON/ IN) the ball and your ideas are up to date. However, don't __________ (11. GO/ TAKE) too far! Remember to dress your age. Nothing looks more ridiculous than a man dressing like one of his kids.

Don't be too casual. If you are a boss (or aspire to being one) then you should dress like one. This means always looking ___________________ (12. NEAT AND TIDY/ TIDY AND NEAT). Loafers, open collars and loose ties are a no-no. Remember, you're trying to ________________ (13. MAKE/ SET) an example for your employees or co-workers.

Choose neutral colours. Sure you can get suits in every colour of the rainbow today, but it doesn't mean they're appropriate for the workplace. A yellow suit just doesn't ___________ (14. CUT/ HOLD) the mustard, unless of course you work at a night club! You don't have to limit yourself to Navy blue, but keep _________ (15. WITH/ TO) neutral colours like grey, tan or taupe. This ___________ (16. GOES/ SERVES) for shirts and ties too. You can't _______ (17. go/ do) wrong with a white shirt and a dark tie.

Shoes should be classic and, above all, clean. No matter how expensive your shoes are, a little dirt _______ (18. ON/ IN) them will make them look cheap and, worst of all, make you look sloppy!

What about jewelry? At one time the only jewelry a man could ______ (19. WEAR/ USE) was his watch and wedding ring. Times have changed, but if you want to dress for success then leave the necklace, bracelets or chains for the weekends. Oh, and tattoos and body piercing are out of the question. If you have one, keep it covered ________________ (20. UP/ DOWN) at the office.

Good hygiene says a lot about you as well. Simple things like trimmed hair and a clean shave say volumes __________________ (21. ABOUT/ FOR) you. A little aftershave is fine, but watch you don't overdo it. Remember, you want people _______________ (22. TO THINK/ THINK) you give the same attention and detail to your work _______________ (23. AS/ LIKE) you give to your appearance!

PARTE B What an outfit!

Pré-leitura

Antes de ler o texto ou checar as respostas, leia as informações abaixo.
O texto que segue é um diálogo entre duas garotas comentando sobre as roupas de uma colega na escola. Leia o texto e responda às questões que seguem.

Leitura

"What an outfit!"

Debbie Did you see what Karen's wearing today? Ugh! Talk about camp!

Sue I know! Like, check out those shoes! I wouldn't be caught dead in those shoes! They're just so... wrong for that outfit.

Debbie Where does she get her clothes, I wonder? The Salvation Army?! Gee, even my grandmother dresses better than that! And get a load of her purse! Did she kill a crocodile or something? Can you say 'kitsch'?

Sue Tell me about it! She has no fashion sense at all. And that skirt! Give me a break!

Debbie It's the fashion miss of the century! Clashes completely with her blouse!

Sue What a getup! And that electric green jacket? It's like... turn it off, will you? It's too bright!

Debbie No wonder she can't find a boyfriend. She's like a total spaz!

Sue No kidding... Sshh! Act natural. Here she comes....

(Karen approaches)

Karen	Hi Debby. Hi Sue.
Sue	Hi Karen. Hey, love your outfit! You look great!
Karen	Really? Thanks. It's just something I threw together.
Sue	Whatever. It really works Karen!

Pós-leitura

I. Marque verdadeiro (V) ou falso (F), de acordo com o texto.

1 ☐ Há três participantes interagindo no diálogo.
2 ☐ Os participantes do diálogo não se conhecem.
3 ☐ O diálogo ocorre em um ambiente público.
4 ☐ A linguagem é espontânea, não preparada.

FOCO
SITUAÇÃO COMUNICATIVA E LINGUAGEM DO TEXTO

II. Assinale as alternativas que se aplicam à linguagem do texto.

1 ☐ fala informal
2 ☐ fala formal
3 ☐ fala típica de jovens
4 ☐ fala profissional
5 ☐ fala técnica
6 ☐ fala com uso de gíria

FOCO
SITUAÇÃO COMUNICATIVA E LINGUAGEM DO TEXTO

III. Assinale verdadeiro (V) ou falso (F), de acordo com o texto.

1 ☐ Debbie e Sue aprovaram a roupa que Karen veste.
2 ☐ A bolsa de Karen é feita de pele de crocodilo.
3 ☐ Karen tem namorado.
4 ☐ Sue acha que os sapatos de Karen combinam com o conjunto.
5 ☐ Sue é sincera com Karen quanto à roupa dela.

FOCO
COMPREENSÃO DO TEXTO

IV. **Uma maneira** bem informal na fala de se chamar a atenção para alguma coisa ou alguém é usar as expressões do quadro abaixo. Complete as sentenças com as palavras no quadro. Em todos os casos há duas possibilidades de resposta.

Check out... – Talk about... – Can you say...? – Get a load of...

1 ______________________ her purse!
2 ______________________ the guy she's talking to!
3 ______________________ ugly!
4 ______________________ her shoes!
5 ______________________ cheap!
6 ______________________ kitsch!
7 ______________________ that ridiculous outfit!
8 ______________________ expensive!

FOCO
FUNÇÃO COMUNICATIVA: CHAMAR A ATENÇÃO PARA ALGUÉM OU ALGO; FORMA IMPERATIVA EM INGLÊS

V. **Complete a palavras**, formando expressões típicas extraídas do texto. A primeira letra da palavra é dada como dica. Então, assinale o equivalente mais próximo em português.

FOCO
EXPRESSÕES

1 T__ __ __ about camp!
a) ☐ Puxa, que chique!
b) ☐ Nossa, que cafona!

2 C__ __ __ __ out those shoes!
a) ☐ Saca só aqueles sapatos!
b) ☐ Verifique aqueles sapatos!

3 I w__ __ __ __ __ __'__ be c__ __ __ __ __ d__ __ __ in those shoes!
a) ☐ Eu não usaria aquele sapato nem morta!
b) ☐ Eu morreria por aquele sapato!

4 G__ __ a l__ __ __ of her purse!
a) ☐ Puxe a bolsa dela!
b) ☐ Se liga na bolsa dela!

5 C___ you s___ 'kitch'?

a) ☐ Isso é pra lá de brega!

b) ☐ Isso é que é estilo!

6 T____ me a_____ it!

a) ☐ Conta outra!

b) ☐ Nem me fala!

7 G____ me a b_____!

a) ☐ Fala sério!

b) ☐ Me dê um tempo!

8 It's the f______ m___ of the c_______!

a) ☐ É a última moda!

b) ☐ É a maior gafe!

9 C_______ completely with her blouse!

a) ☐ Destoa totalmente da blusa dela!

b) ☐ Combina perfeitamente com a blusa dela!

10 W____ a g___ up!

a) ☐ Que conjunto estiloso!

b) ☐ Que conjunto brega!

11 N__ w______ she can't find a boyfriend!

a) ☐ Nem precisa dizer porque ela não arranja um namorado!

b) ☐ Eu nem imagino porque ela não arranja um namorado!

12 She's like a t_____ s____!

a) ☐ Ela é, tipo... o máximo!

b) ☐ Ela é, tipo... nada a ver!

13 N__ k______g!

a) ☐ Fala sério!

b) ☐ Para de brincadeira!

14 A __ __ natural.
a) ☐ Disfarça!
b) ☐ Finja que está bem!

15 It r __ __ __ __ __ w __ __ __ __ Karen!
a) ☐ Funcionou perfeitamente Karen!
b) ☐ Combinou perfeitamente Karen!

Recapitulando

VI. Reescreva o texto original, completando as lacunas com a alternativa correta. Procure fazer um exercício de memória e somente no final verifique as respostas.

FOCO
LINGUAGEM INTEGRAL DO TEXTO

"What an outfit!"

Debbie Did you see what Karen's wearing today? Ugh! __________. (1. SPEAK/ TALK) about camp!

Sue I know! Like, check ______ (2. UP/ OUT) those shoes! I wouldn't be __________ (3. TAKEN/ CAUGHT) dead in those shoes! They're just so... wrong _____ (4. FOR/ TO) that outfit.

Debbie Where does she get her clothes, I __________ (5. IMAGINE/ WONDER)? The Salvation Army?! __________ (6. WOW/ GEE), even my grandmother dresses better than that! And get a __________ (7. LOAD/ LOOK) of her purse! Did she kill a crocodile or __________ (8. SOMETHING/ ANYTHING)? Can you __________ (9. SAY/ TALK) 'kitsch'?

Sue __________ (10. SPEAK/ TELL) me about it! She has no fashion sense at all. And that skirt! Give me a __________ (11. BREAK/ TIME)!

Debbie It's the fashion __________ (12. MISS/ DISASTER) of the century! Clashes completely _____ (13. ON/ WITH) her blouse!

Sue What a ________________ (14. GETUP/ LETDOWN)! And that electric green jacket? It's like... turn it off, ____________ (15. WILL YOU/ DON'T YOU)? It's too bright!

Debbie No ________________ (16. IDEA/ WONDER) she can't find a boyfriend. She's like a ____________ (17. TOTAL/ REAL) spaz!

Sue No ________________ (18. KIDDING/ JOKING)... Sshh! Act ___ ____________ (19. NATURALLY/ NATURAL). Here she comes...

(KAREN APPROACHES)

Karen Hi Debby. Hi Sue.

Sue Hi Karen. Hey, ____________ (20. LOVE/ LOVED) your outfit! You look great!

Debbie ____________ (21. REALLY?/ SEE?) Thanks. It's ____________ (22. REALLY/ JUST) something I threw together.

Sue Whatever. It really ____________________ (23. COMBINES/ WORKS) Karen!

Tired of your boss?

MÓDULO

6

PARTE A Are you the next Bill Gates?

Pré-leitura

Antes de ler o texto ou checar as respostas, sempre siga as seguintes instruções:

- Dê uma olhada rápida no título, figuras, subtítulos, gráficos, desenhos, autor, fonte, palavras em destaque, formato geral etc. Isso o ajudará a antecipar o tipo de texto e o conhecimento que precisará ativar para lê-lo.
- Sempre que possível, procure situar o texto, refletindo sobre o possível autor, leitor, quando e onde foi publicado e com que propósito.
- Em uma folha de papel em branco, faça um *brainstorming* do tema central do texto, ou seja, escreva tudo o que o título lhe traz à cabeça em inglês em um minuto. Use principalmente verbos e substantivos. Essa técnica o ajudará a ativar a linguagem necessária para uma leitura mais fácil do texto.
- Após a leitura verifique o quanto você conseguiu prever a respeito do texto antes mesmo de tê-lo lido!

I. O texto que você vai ler pertence a que tipo? Assinale uma das alternativas abaixo.

1 ☐ blog
2 ☐ artigo de revista
3 ☐ carta do leitor
4 ☐ biografia
5 ☐ diário

FOCO
ANTECIPAÇÃO DO TIPO DE TEXTO QUE SERÁ LIDO

II. Em sua opinião, qual é o propósito comunicativo do texto que você vai ler? Assinale uma das alternativas abaixo.

FOCO
ANTECIPAÇÃO DO PROPÓSITO COMUNICATIVO DO TEXTO QUE SERÁ LIDO

1 ☐ anunciar um produto
2 ☐ corrigir uma informação

3 ☐ fazer as pessoas rirem
4 ☐ informar as pessoas sobre um assunto

Leitura

Agora leia o texto e verifique se as suas expectativas estavam corretas. Em seguida verifique as respostas no final do livro.

"Are you the **next Bill Gates**?"

Tired of your boss? Tired of the nine-to-five grind? Ever thought about throwing it all in and starting your own business? Just think about it! – No boss, no one telling you what to do, make your own hours. Sounds perfect, doesn't it? Sure, but are you cut out for it? Do you have what it takes to run your own business? It's not for everyone. Very few start-up businesses actually survive the first 12 months, let alone develop into viable, profitable companies. Psychologists tell us that successful entrepreneurs have quite a lot in common. It is exactly these characteristics that seem to be the prerequisite for success.

Good health. Starting and building a business takes a lot of energy. You have to be able to work long days and often nights and get by on little sleep. It takes considerable stamina to start a business and deal with the stresses involved.

Control. Entrepreneurs are control freaks. They can't stand the idea of someone having authority over them. They believe that they are the only ones capable of doing a given task properly. Entrepreneurial types are easy to recognize in large organizations by their inability to delegate tasks to others for fear the job won't be done properly. They're the ones who have to have everything their own way.

Self-confidence. Believing in your business idea and risking your money and time to start a business takes a lot of self-confidence. You really have to believe you're better than the competition. Entrepreneurs thrive on the challenge of facing difficult situations and using their heads to find solutions.

Impatience. There's no time like the present for entrepreneurs. While most of us can leave work on the desk for the next day, an entrepreneur will always stay late to finish it. They can't stand being idle either. It's exactly this 'go-go' attitude that a new business needs to succeed.

Innovation. All successful businesses start with a good idea. Often it's a new product or way of doing something. An entrepreneur will always have lots of new business ideas floating around in his or her head. As Richard Branson, founder of Virgin Enterprises said: "Business opportunities are like buses, there's always another one coming".

Perseverance. There are a lot of ups and downs on the path to a successful business. Entrepreneurs have to be able to deal with setbacks without losing faith in the business. These are precisely the kind of people that when they fall, they get up on the horse again.

A background of adversity. It seems that one of the essential requisites to being successful in your own business is growing up in adversity. Entrepreneurs often come from broken families or had to tighten their belts as kids. Maybe part of their drive for success comes from the lack of privilege in their childhoods. At any rate, being born into money seems to squash the entrepreneurial drive in most people.

Curiosidades

Para saber mais sobre Bill Gates, fundador da empresa Microsoft: http://en.wikipedia.org/wiki/Bill_Gates
Para saber mais sobre Richard Branson, fundador da empresa Virgin Enterprises: http://en.wikipedia.org/wiki/Richard_Branson

Pós-leitura

Leia o texto novamente e responda às questões abaixo.

III. Assinale verdadeiro (V) ou falso (F), de acordo com o texto.

1 O texto destaca alguns desafios para se abrir o próprio negócio.
2 O texto retrata a vida de Bill Gates.
3 O texto destaca as características de um empreendedor.
4 O texto descreve o tipo de empresa que dá certo.

FOCO
COMPREENSÃO DO TEXTO

IV. Assinale verdadeiro (V) ou falso (F), de acordo com o texto. Um empreendedor geralmente deve...

1 ☐ ...ter boa saúde.
2 ☐ ...ter autoconfiança.
3 ☐ ...ser impaciente.
4 ☐ ...ser esportista.
5 ☐ ...ser inovador.
6 ☐ ...ter perseverança.
7 ☐ ...ter controle.
8 ☐ ...ter uma história de adversidade.
9 ☐ ...ser religioso.
10 ☐ ...ter filhos.

FOCO
COMPREENSÃO DO TEXTO

Explorando a linguagem do texto

V. Complete as perguntas com a palavra correta do quadro. Em seguida ligue as perguntas às respostas mais prováveis.

FOCO
ASSOCIAÇÃO TÍPICA DE PALAVRAS/ COLOCAÇÕES

run – delegate – deal – make – starting

Perguntas

1 Do you ever ________________ tasks to others at work?
2 What are the challenges a person may face when deciding to ____________ his/ her own business?
3 What's the best way to ________________ with stress at work?
4 Let me ask you something. Have you ever considered ________________ your own business?
5 How would you like to be able to ______________ your own work hours?

Respostas

a) ☐ Hmm. Who wouldn't? Sure, I'd love to have more control over my time.
b) ☐ Not really. I don't think I'm cut out for it.
c) ☐ That's a difficult one. There are just so many things that can go wrong in a new business.
d) ☐ Not if I can help it. I don't trust anyone but myself to do things right.
e) ☐ It's hard to say. Exercise and yoga work for me.

VI. Complete as perguntas com a palavra correta do quadro. Em seguida ligue as perguntas às respostas mais prováveis.

face – find – work – take – deal

FOCO
ASSOCIAÇÃO TÍPICA DE PALAVRAS/ COLOCAÇÕES

Perguntas

1 Does it ____________ a lot of energy and stamina to run a business?
2 Do you normally ____________ long days?
3 Is there a recipe to ____________ solutions to problems at work?
4 Does a positive attitude help you when you ________ difficult situations?
5 How do you ____________ with setbacks?

Respostas

a) ☐ I believe the best approach is to get back up on the horse again. It's all about persistence.
b) ☐ You bet. You've got to use your head and be creative.
c) ☐ Are you kidding? You've got to be in great shape to deal with the long hours and stress.
d) ☐ Definitely. I think it makes all the difference really. You've got to be positive.
e) ☐ I sure do. I never get home before 8.00 p.m.

VII. Complete as lacunas do quadro abaixo com a palavra correta, formando associações típicas extraídas do texto. A primeira letra da palavra é dada como dica. Então, assinale os equivalentes mais próximos em português.

FOCO
ASSOCIAÇÃO TÍPICA DE PALAVRAS/ COLOCAÇÕES

COLLOCATIONS	EQUIVALENTES EM PORTUGUÊS
1 g____________ attitude	☐ a pessoa que gosta de controlar tudo
2 b____________ family	☐ b família de pais separados
3 p____________ company	☐ c pique/ ânimo para tudo
4 c____________ freak	☐ d novo empreendimento
5 s____________ business	☐ e empresa lucrativa

FOCO EXPRESSÕES

VIII. Complete as palavras formando expressões típicas extraídas do texto. A primeira letra da palavra é dada como dica. Em seguida assinale o equivalente mais próximo em português.

1 I'm tired of the n _ _ _ to f _ _ _ g _ _ _ _.

a) ☐ Eu estou cansado das cobranças no trabalho.

b) ☐ Eu estou cansado da rotina do trabalho.

2 Ever thought about t _ _ _ _ _ _ _ it a _ _ in and starting your o _ _ b _ _ _ _ _ _ _?

a) ☐ Você já pensou em vender tudo e montar o próprio negócio?

b) ☐ Você já pensou em largar tudo e montar o próprio negócio?

3 J _ _ _ t _ _ _ _ about it!

a) ☐ Pensa bem!

b) ☐ Nem pense nisso!

4 But are you c _ _ o _ _ for it?

a) ☐ Mas você entende isso?

b) ☐ Mas você nasceu para isso?

5 Do you have w _ _ _ it t _ _ _ _ to r _ _ your own b _ _ _ _ _ _ _?

a) ☐ Você tem capacidade para administrar um negócio próprio?

b) ☐ Você tem tempo para administrar um negócio próprio?

6 They c _ _ ' _ s _ _ _ _ the idea of someone having authority over them.

a) ☐ Eles não ligam para a ideia de que alguém tenha autoridade sobre eles.

b) ☐ Eles não suportam a ideia de que alguém tenha autoridade sobre eles.

7 Entrepreneurs t _ _ _ _ _ on the challenge of f _ _ _ _ _ difficult situations.

a) ☐ Empreendedores gostam do desafio de enfrentar situações difíceis.

b) ☐ Empreendedores evitam o desafio de enfrentar situações difíceis.

8 There are a lot of u __ __ and d __ __ __ __ on the p __ __ __ to a successful business.

a) ☐ Há muitos altos e baixos na caminhada rumo a um negócio de sucesso.

b) ☐ Há muitos perigos na caminhada rumo a um negócio de sucesso.

9 When they f __ __ __, they g __ __ u __ on the h __ __ __ __ again.

a) ☐ Quando eles levam um tombo, eles desistem.

b) ☐ Quando eles levam um tombo, eles não desistem.

10 Entrepreneurs often had to t __ __ __ __ __ __ __ their b __ __ __ __ as kids.

a) ☐ Empreendedores geralmente passaram por dificuldades financeiras quando eram crianças.

b) ☐ Empreendedores geralmente tiveram que guardar dinheiro quando eram crianças.

11 At any rate, being b __ __ __ into m __ __ __ __ seems to s __ __ __ __ __ __ the entrepreneurial d __ __ __ __ in most people.

a) ☐ Mesmo assim, ter nascido em berço de ouro parece despertar o instinto empreendedor na maioria das pessoas.

b) ☐ Mesmo assim, ter nascido em berço de ouro parece sufocar o instinto empreendedor na maioria das pessoas.

Real English

IX. Observe as linhas de concordância com as palavras *work* e *job*. Observe o cotexto de cada linha, ou seja, as palavras que vêm antes e depois da palavra-chave. Então, complete as informações de uso.

FOCO
CONTEXTO DE USO DE PALAVRAS COM SIGNIFICADOS SEMELHANTES

WORK

1 more women are now going out to **work** whether it is because they need th
2 But when the woman comes home from **work** she looks after the children after
3 and she buried herself in her **work**. On 25 November 1952 her pla
4 is a sign of getting down to **work** in Britain and Holland, but
5 ion on everyone's mind is does it **work**? or am I going to meet nice peop
6 et. On the minus side, you have to **work** at it! Look at it this way, you h
7 You normally go to **work** or school... (a) on foot or bike.
8 ely has not been the case. Since I **work** out of my home office I really nee
9 by with wardrobe of dark suits for **work** and social affairs. Today's office
10 for making the right impression at **work**. - Dress modern, but not too mod
11 the mustard, unless of course you **work** at a night club! You don't have to
12 same attention and detail to your **work** as you give to your appearance!
13 of energy. You have to be able to **work** long days and often nights and get
14 eneurs. While most of us can leave **work** on the desk for the next day, an
15 your joints and makes your heart **work** overtime. Moreover, that extra fat

Job

1 ney problems. My father's lost his **job**. I have to return to Spain at the
2 the the best qualifications for the **job**. I do not see the sense in employ
3 employing the best person for the **job** and also the person who has worked
4 instance that two people go for a **job** both with qualification but 1 is w
5 am, I am writing to apply for the **job** advertised to take part in accompa
6 was an amateur artist, got a **job** as a drawing teacher at a
7 Nowadays anyone with a **job** that they enjoy is very lucky
8 vening talking about his boring **job** at the bank! Martin
9 egate tasks to others for fear the **job** won't be done properly.
10 s to get ready for work. It is his **job** to put the kettle on and do the
11 waiter so this is not a difficult **job** for him, but his face is very sad.
12 ney problems. My father's lost his **job**. I have to return to Spain at the
13 lt for middle-aged men to find new **jobs**. It is also difficult for young me
14 im a lot of pain. Here's a list of **jobs** for this evening. I'm going home
15 are free to do shopping and other **jobs**. "It's just a simple lunch, toda

Padrões de uso:

1 A palavra ______________ pode ser usada como substantivo e também como verbo em inglês.

2 A palavra ______________ geralmente não é precedida de artigo (*a/n, the*) em inglês.

3 A palavra ______________ só pode ser usada como substantivo em inglês.

Recapitulando

x. Reescreva o texto original, completando as lacunas com a alternativa correta. Procure fazer um exercício de memória e somente no final verifique as respostas.

FOCO
LINGUAGEM INTEGRAL DO TEXTO

"Are you the next Bill Gates?"

Tired ____________ (1. OF/ WITH) your boss? Tired of the nine-to-five ____________ (2. GRIND/ JOB)? Ever thought about throwing it all _____ (3. IN/ UP) and ________________ (4. STARTING/ BEGINNING) your own business? Just think about it! – No boss, no one telling you what to do, make your own hours. Sounds perfect, doesn't it? Sure, but are you cut _______ (5. UP/ OUT) for it? Do you have what it ________________ (6. TAKES/ GETS) to ________________ (7. ADMINISTER/ RUN) your own business? It's not for everyone. Very few ______________ (8. START-UP/ START-OUT) businesses actually survive the first 12 months, __________ (9. LEAVE/ LET) alone develop into viable, profitable companies. Psychologists ____________ (10. TELL/ SAY) us that successful entrepreneurs have quite a lot in common. It is exactly these characteristics that seem to be the pre-requisite ________ (11. FOR/ TO) success.

Good health. Starting and building a business takes a lot of energy. You have to be able to work long days and often nights and get __________ (12. OVER/ BY) on little sleep. It takes considerable stamina to start a business and deal with the stresses involved.

Control. Entrepreneurs are _____________ (13. CONTROL/ CONTROLLED) freaks. They can't stand the idea of someone ____________ (14. HAVE/ HAVING) authority over them. They believe that they are the only one capable of ________________ (15. DOING/ DO) a given task properly. Entrepreneurial ____________ (16. KINDS/ TYPES) are easy to recognize in large organizations by their inability __________ (17. OF/ TO) delegate tasks to others ____________ (18. WITH/ FOR) fear the job won't be done properly. They're the ones who have to have everything their own ____________ (19. WAY/ MANNER).

Self-confidence. Believing in your business idea and risking your money and time to start a business takes a lot of ____________________ (20. SELF-CONFIDENT/ SELF-CONFIDENCE). You really have to believe you're better than the competition. Entrepreneurs thrive ___________ (21. ON/ IN) the challenge of facing difficult situations and using their _____________ (22. HEADS/ MINDS) to find solutions.

Impatience. There's no time like the present for entrepreneurs. ____________________ (23. WHILE/ BECAUSE) most of us can leave work ______ (24. ON/ IN) the desk for the next day, an entrepreneur will always stay _____________ (25. LATE/ UNTIL LATER) to finish it. They can't stand being idle _____________ (26. TOO/ EITHER). It's exactly this 'go-go' attitude that a new business needs to succeed.

Innovation. All successful businesses start with a good idea. Often it's a new product or way of _______________ (27. DOING/ DO) something. An entrepreneur will always have lots of new business ideas ______________ (28. FLYING/ FLOATING) around in his or her head. As Richard Branson, ________________ (29. FOUNDER/ FINDER) of Virgin Enterprises said: "Business opportunities are like buses, there's always another one coming".

Perseverance. There _________ (30. ARE/ IS) a lot of ups and downs ____ (31. IN/ ON) the path to a successful business. Entrepreneurs have to be able to deal with ___________________ (32. BACKSETS/ SETBACKS) without losing faith ______ (33. IN/ ON) the business. These are precisely the kind of people that ___________ (34. HOW/ WHEN) they fall, they get up on the horse again.

A background of adversity. It seems that one of the ________________ (35. ESSENTIAL/ ESSENTIALLY) requisites to being successful in your own business is growing up in adversity. Entrepreneurs often come from ________________ (36. BROKEN/ BROKE) families or had to tighten their ________________ (37. SHOES/ BELTS) as kids. Maybe part of their drive ____________ (38. FOR/ ABOUT) success comes from the lack of privilege in their childhoods. _______ (39. IN/ AT) any rate, being born __________ (40. INTO/ WITH) money seems to squash the entrepreneurial drive in most people.

PARTE B The Mexican fisherman and the American entrepreneur

Pré-leitura

Antes de ler o texto ou checar as respostas, leia as informações abaixo.
O texto que você vai ler é um diálogo, no qual um colega conta uma piada para o outro.

Leitura

"The Mexican fisherman and the American entrepreneur"

Dave Jack, here's a good one. Ever hear the one about the Mexican fisherman and the American entrepreneur?

Jack Uh, can't say I have. Let's hear it.

Dave Well, this big shot American businessman is on holiday in a small fishing village in Mexico when he sees a small boat with just one fisherman arrive at the beach. He goes over and looks inside the boat and sees a few large tuna. The American compliments the Mexican on the quality of his fish and asks him how long it took to catch them. "Only a little while", says the Mexican. So the American goes, "Why didn't you stay out longer and catch more fish?" The Mexican replies, "With this I have more than enough to support my family's needs". Now the American is getting interested and the little wheels in his head are turning. He asks, "But what do you do with the rest of your time?" The Mexican fisherman goes, "I sleep late, fish a little, play with my children, take a *siesta* with my wife, Maria, stroll into the village each evening where I sip wine and play guitar with my *amigos*. I have a good life".

Jack *(laughing)* I think I can see where this is going...

Dave Yeah. So the American goes "I'm a Harvard MBA and I could help you. You should spend more time fishing. And with the money you make, buy a bigger boat. With the earnings from the bigger boat you could buy several boats. Eventually, you'd have a fleet of fishing boats. Instead of selling your catch to a middleman you'd sell directly to the processor. Eventually, opening your own cannery. You'd control the production, processing and distribution. Of course, you'd have to leave this small fishing village and move to Mexico City, then Los Angeles and, eventually, New York where you'd run your fishing empire". The Mexican fisherman looks a bit confused and asks, "But, how long will this all take?" "Fifteen, twenty years tops", says the American. "And then what?", asks the Mexican. At this point the American is jumping up and down with enthusiasm. "That's the best part! When the time is right you would sell your company and become filthy rich, you'd make millions!", says the American. "Millions? Then what?", asks the Mexican. The American laughs and says - Wait for it - "Then you'd retire, move to a small fishing village where you'd sleep late, fish a little, play with your kids, take a *siesta* with your wife, stroll to the village in the evenings where you could sip wine and play your guitar with your *amigos*."

Jack *(groaning)* That's a pretty lame joke, Dave!

Pós-leitura

I. Marque verdadeiro (V) ou falso (F), de acordo com o texto.

FOCO
SITUAÇÃO COMUNICATIVA E LINGUAGEM DO TEXTO

1 ☐ Há dois participantes na interação.
2 ☐ Há muitas interrupções na conversa.
3 ☐ Os participantes da conversa se conhecem.
4 ☐ A linguagem é formal e técnica.

II. Qual é o propósito comunicativo do texto? Assinale uma das alternativas abaixo.

FOCO
PROPÓSITO COMUNICATIVO DO TEXTO

1 ☐ contar uma novidade
2 ☐ entreter alguém/ quebrar o gelo
3 ☐ consolar alguém
4 ☐ comprar ou vender um produto ou serviço

FOCO
COMPREENSÃO DO TEXTO

III. Coloque os planos sugeridos pelo executivo americano para o pescador mexicano na ordem correta, de acordo com o texto.

1 ☐ "Venda a empresa e fique rico."
2 ☐ "Passe mais tempo pescando para ganhar dinheiro e comprar um barco maior."
3 ☐ "Mude-se para uma praia no México, descanse e curta a vida."
4 ☐ "Abra uma fábrica para preparar e enlatar os peixes."
5 ☐ "Compre uma frota de barcos."
6 ☐ "Mude-se para Nova Iorque para administrar o império do ramo de peixes."

IV. Complete as perguntas com a palavra correta do quadro abaixo. Em seguida ligue as perguntas às respostas mais prováveis.

play – caught – take – sip

Perguntas

1 Do you like to ______________________________ wine with your friends?
2 Can you _____________________ the guitar?
3 Have you ever _________________________ a fish?
4 Do you ever _________________________ a siesta after lunch?

Respostas

FOCO
ASSOCIAÇÃO TÍPICA DE PALAVRAS/ COLOCAÇÕES

a) ☐ Sure, lots of times. I love fishing.
b) ☐ Not very often, but I sometimes take a little siesta on weekends.
c) ☐ No, but I wish I could. I'd love to learn how to play a musical instrument.
d) ☐ Of course! Especially when I have friends over for dinner.

V. Complete as perguntas com a palavra correta do quadro abaixo. Em seguida ligue as perguntas às respostas mais prováveis.

support – spend – make – run

Perguntas

1 Do you _____________________ more time working or relaxing?
2 Would you like to __________________ more money?
3 Would you like to ___________________ a company?
4 Are you able to _________________ your family's needs?

Respostas

FOCO
ASSOCIAÇÃO TÍPICA DE PALAVRAS/ COLOCAÇÕES

a) ☐ I'd have to say working. I don't have a lot of time for relaxing.
b) ☐ Are you kidding? I'd love to make more!
c) ☐ Not really. Running a company seems like a lot of work and responsibility.
d) ☐ Yes. I manage to pay all the bills every month, but there's not a lot leftover!

VI. Complete as palavras, formando expressões típicas extraídas do texto. A primeira letra da palavra é dada como dica. Em seguida assinale o equivalente mais próximo em português.

FOCO
EXPRESSÕES TÍPICAS DO GÊNERO 'PIADA' EM INGLÊS

1 Jack, h ___ ___ ___'___ a g___ ___ ___ one.
a) ☐ Jack, essa foi boa.
b) ☐ Jack, escuta essa.

2 E___ ___ ___ h___ ___ ___ the one about the Mexican fisherman and the American entrepreneur?
a) ☐ Já ouviu aquela do pescador mexicano e do empresário americano?
b) ☐ Já ouviu falar no pescador mexicano e no empresário americano?

3 L___ ___'___ h___ ___ ___ it.
a) ☐ Conta aí.
b) ☐ Escuta essa.

4 W___ ___ ___, t___ ___ ___ big shot American businessman is on holiday...
a) ☐ Bom, este empresário americano bem-sucedido está em férias...
b) ☐ Bom, um empresário americano bem-sucedido estava em férias...

5 ...the little w___ ___ ___ ___ ___ in his h___ ___ ___ are t___ ___ ___ ___ ___ ___.
a) ☐ ...ele já está imaginando tudo na sua cabeça.
b) ☐ ...ele já está muito preocupado.

6 I think I can see w___ ___ ___ t___ ___ ___ is g___ ___ ___ ___...
a) ☐ Acho que já ouvi essa...
b) ☐ Acho que já sei o que acontece em seguida...

7 At this p___ ___ ___ ___ the American is j___ ___ ___ ___ ___ ___ up and d___ ___ ___ with e___ ___ ___ ___ ___ ___ ___ ___ ___ ___ ___.
a) ☐ A essa altura o americano está todo entusiasmado.
b) ☐ A essa altura o americano está pulando de alegria.

8 W__ __ __ for it...

a) ☐ Escuta só...

b) ☐ Espera um pouco...

9 That's a p__ __ __ __ __ lame j__ __ __, Dave!

a) ☐ Essa piada é velha, Dave!

b) ☐ Essa piada foi horrível, Dave!

VII. Complete a "piada" abaixo com as expressões corretas do quadro.

Wait for it... – Ever hear the one about...? – That's a pretty good one – So the first rep goes... – Let's hear it.

FOCO
EXPRESSÕES TÍPICAS DO GÊNERO "PIADA" EM INGLÊS

Andy ____________________ the two sales reps in Australia?

Tony Don't think so. ____________________

Andy Well, this large American shoe company decides to send two sales reps out to the Australian outback to see if they can drum up some business among the Aborigines. After a few weeks in Australia, the two reps return. The boss calls them both into his office and asks for their reports. ____________________, "No business for us there. The natives don't wear shoes". The second one looks at the boss and says... ____________________, "Great opportunity for us! The natives don't wear shoes!"

Tony ____________________, Andy!

Recapitulando

VIII. Reescreva o texto original, completando as lacunas com a alternativa correta. Procure fazer um exercício de memória e somente no final verifique as respostas.

FOCO
LINGUAGEM INTEGRAL DO TEXTO

"The Mexican fisherman and the American entrepreneur"

Dave Jack, here's a good ________ (1. ONE/ JOKE). Ever __________ (2. HEAR/ LISTEN TO) the one about the Mexican fisherman and the American entrepreneur?

Jack Uh, can't __________ (3. SAY/ TELL) I have. Let's hear it.

Dave Well, this big shot American businessman is ____ (4. ON/ IN) holiday in a small fishing village ________ (5. IN/ ON) Mexico when he sees a small boat with just one fisherman arrive ________ (6. AT/ TO) the beach. He goes ____________ (7. DOWN/ OVER) and looks inside the boat and sees a ______________ (8. FEW/ LITTLE) large tuna. The American compliments the Mexican ________ (9. FOR/ ON) the quality of his fish and asks him how long it took to catch them. "Only a little ________ (10. WHILE/ TIME)", says the Mexican. So the American asks, "Why didn't you stay ______________ (11. away/ out) longer and catch more fish?" The Mexican replies, "With this I have more than enough to support my family's needs". Now the American is getting __________________ (12. INTERESTED/ INTERESTING) and the little wheels in his head are turning. He asks, "But what do you do with the rest of your time?" The Mexican fisherman says, "I sleep late, fish a little, play with my ______________ (13. CHILDREN/ CHILDRENS), take a *siesta* with my wife, Maria, stroll into the village each evening where I sip wine and play guitar with my *amigos*. I have a good life".

Jack *(laughing)* I think I can see where this is going...

Dave Yeah. So the American goes "I'm a Harvard MBA and I could help you. You should spend more time fishing. And with the money you make, buy a bigger boat. With the earnings from the bigger boat you could buy several boats. __________ (14. EVENTUALLY/ FINALLY), you'd have a fleet of fishing boats. Instead of selling your catch to a middleman you'd sell directly to the processor. Eventually, opening your own cannery. You'd ______________ (15. CONTROL/ CHECK) the production, processing and distribution. ____________ (16. FIRST/ OF COURSE), you'd have to leave this small fishing village and move _______ (17. TO/ IN) Mexico City, then Los Angeles and, eventually, New York where you'd __________ (18. ADMINISTER/ RUN) your fishing empire". The Mexican fisherman looks a bit confused and asks, "But, how long will this all _________ (19. TAKE/ GET)?" "Fifteen, twenty years tops", says the American. "And then what?", asks the Mexican. _____ (20. AT/ ON) this point the American is jumping up and down with enthusiasm. "That's the best part! When the time is ___________ (21. GOOD/ RIGHT) you would sell your company and become ____________ (22. FILTHY/ CLEAN) rich, you'd make millions!", says the American. "Millions? Then what?", asks the Mexican. The American laughs and says – wait _______ (23. TO/ FOR) it – "Then you'd retire, move to a small fishing village where you'd sleep late, fish a little, play with your kids, take a *siesta* with your wife, stroll to the village in the evenings where you could sip wine and play your guitar with your *amigos*."

Jack *(groaning)* That's a ______________ (24. VERY/ PRETTY) lame joke, Dave!

Staying young

MÓDULO 7

PARTE A How to stay young forever

Pré-leitura

Antes de ler o texto ou checar as respostas, sempre siga as seguintes instruções:

- Dê uma olhada rápida no título, figuras, subtítulos, gráficos, desenhos, autor, fonte, palavras em destaque, formato geral etc. Isso o ajudará a antecipar o tipo de texto e o conhecimento que precisará ativar para lê-lo.
- Sempre que possível, procure situar o texto, refletindo sobre o possível autor, leitor, quando e onde foi publicado e com que propósito.
- Em uma folha de papel em branco, faça um *brainstorming* do tema central do texto, ou seja, escreva tudo o que o título lhe traz à cabeça em inglês em um minuto. Use principalmente verbos e substantivos. Essa técnica o ajudará a ativar a linguagem necessária para uma leitura mais fácil do texto.
- Após a leitura verifique o quanto você conseguiu prever a respeito do texto antes mesmo de tê-lo lido!

I. O texto que você vai ler pertence a que tipo? Assinale uma das alternativas abaixo.

FOCO
ANTECIPAÇÃO DO TIPO DE TEXTO QUE SERÁ LIDO

1 ☐ diálogo formal
2 ☐ letra de música
3 ☐ artigo de revista
4 ☐ artigo acadêmico
5 ☐ propaganda

II. Em sua opinião, qual é o propósito comunicativo do texto que você vai ler? Assinale uma das alternativas abaixo.

1 ☐ informar o leitor
2 ☐ vender um produto
3 ☐ denunciar algo
4 ☐ reivindicar direitos

FOCO
ANTECIPAÇÃO DO PROPÓSITO COMUNICATIVO DO TEXTO QUE SERÁ LIDO

Leitura

Agora leia o texto e verifique se as suas expectativas estavam corretas. Confira as respostas no final do livro.

"How to **Stay Young** *Forever"*

Sure, it's too much to ask for, but who wouldn't want to stay young forever? Everyone knows that aging is inevitable and that staying young forever is impossible. But do we have to resign ourselves to rickety knees, wrinkles and grey hair as we age or can we hang on to our youth a little longer? According to scientists, we can.

Postponing getting old all starts when we're young. The lifestyles we adopt when we're young or middle-aged make all the difference in our later years. It's all about what we eat and how we live and work now. Some of the lifestyle choices we make today will determine if we age gracefully or, – God forbid! – end up in an old folks' home. Following these eight recommendations, you can add years to your life and greatly increase the quality of your golden years.

1. Don't smoke. Smokers die younger and suffer from all kinds of smoking-related health problems such as heart disease and cancer. Besides, it wrecks your lungs, saps your energy and turns people off.

2. Eat plenty of fatty acids. The American Heart Association recommends you eat fish twice a week to get enough omega-3, omega-6 and DHA. These are the so-called 'good' fats that ward off heart disease and lower our cholesterol. As an added benefit, they also help keep our skin looking young and healthy and our brains sharp. Can you ask for anything better?

3. Watch your weight. This is a no-brainer. Carrying all that extra weight around puts a strain on your joints and makes your heart work overtime. Moreover, that extra fat can end up clogging your arteries, leading to a heart attack. Thin people are also more sprightly and energetic.

4. Eat right. Everyone knows the old saying: "You are what you eat". Eating healthy food brings all kinds of health benefits, whatever your age, but certain foods seem to delay the aging process. Research has shown that orange and yellow vegetables like squash and sweet potatoes have loads of antioxidants that fight free radicals in the body. They help keep healthy cells from dying or becoming cancerous. Furthermore, the vitamin A in these vegetables is good for your eyes and skin.

5. Give your heart a workout.
Regular cardiovascular exercise keeps your heart in shape, lowers your blood pressure and improves the flow of oxygen to the brain. Just a brisk walk three times a week is enough to help keep your heart and brain younger.

6. Pay attention to your posture. It's amazing how standing up straight makes you look younger, not to mention that your back will thank you for it. Back pain, one of the leading complaints of seniors, can easily be avoided with simple stretching exercises or yoga. In addition to health benefits, joining a yoga or pilates class is a great way to socialize and meet new people.

7. Use your head! Your brain is just like a muscle and needs exercise every day. Stimulating your brain with crossword puzzles, reading or challenging games like chess keeps your cognitive powers up to scratch and could prevent loss of memory or even dementia.

8. Think young! Who says you have to sit in a rocker when you get old? Getting old is all in your head! Take up new hobbies, get out and meet people, travel, explore and learn new things. These are all ways to keep a youthful attitude.

Pós-leitura

III. Leia o texto novamente e associe as recomendações do artigo em inglês aos enunciados correspondentes em português.

1 "Don't smoke."
2 "Pay attention to your posture."
3 "Give your heart a workout."
4 "Use your head!"
5 "Think young!"
6 "Eat plenty of fatty acids."
7 "Watch your weight."
8 "Eat right."

FOCO
COMPREENSÃO DO TEXTO

a) ☐ "Dores nas costas, uma das maiores queixas de pessoas idosas, podem ser facilmente evitadas com exercícios simples de alongamento ou yoga."
b) ☐ "A gordura em excesso pode entupir as artérias, levando a um enfarto."
c) ☐ "Isso prejudica o pulmão, acaba com a energia e afasta as pessoas."
d) ☐ "Alguns tipos de comida parecem retardar o processo de envelhecimento."
e) ☐ "Experimente novas atividades, saia e conheça pessoas, viaje, explore e aprenda coisas novas."
f) ☐ "Uma caminhada rápida três vezes por semana é o suficiente para manter o coração e o cérebro mais jovens."
g) ☐ "Essas são as chamadas gorduras benéficas que previnem contra doenças do coração e diminuem o colesterol."
h) ☐ "O seu cérebro é como um músculo qualquer e necessita de exercícios todos os dias."

Explorando a linguagem do texto

FOCO
ASSOCIAÇÃO TÍPICA DE PALAVRAS/ COLOCAÇÕES

IV. Complete as lacunas com uma palavra, formando colocações extraídas do texto. Em seguida indique os equivalentes mais próximos em português. A primeira letra da palavra é dada como dica. Caso não consiga fazer de memória, leia o texto novamente e identifique as colocações no seu contexto de uso.

COLLOCATIONS	EQUIVALENTES EM PORTUGUÊS
1 h_____________ problems	☐ a enfarto
2 h_____________ benefits	☐ b comidas saudáveis
3 h_____________ disease	☐ c joelhos frágeis e precários
4 h_____________ attack	☐ d pressão arterial
5 h_____________ food	☐ e problemas de saúde
6 b_____________ pressure	☐ f cabelos brancos
7 g_____________ hair	☐ g doenças de coração
8 r_____________ knees	☐ h benefícios à saúde

FOCO
ASSOCIAÇÃO TÍPICA DE PALAVRAS/ COLOCAÇÕES

V. Complete as perguntas com a palavra correta do quadro abaixo. Em seguida ligue as perguntas às respostas mais prováveis.

sap – clog – delay – fight – stay

Perguntas

1 Do certain foods help to _________________ free radicals in the body?
2 Does work _________________ your energy?
3 Can certain foods _______________ your arteries?
4 Would you like to ________________ young?
5 Do you do anything to __________________ the aging process?

Respostas

a) ☐ I suppose it does to some extent. Working is tiring, but I enjoy it.
b) ☐ For sure. Fried foods and fatty meats are terrible for your arteries.
c) ☐ Are you kidding? Who wouldn't want to stay young?
d) ☐ I sure do. I try to delay the aging process by exercising and eating right.
e) ☐ Well, scientists say that yellow vegetables help keep our cells healthy by fighting free radicals.

VI. Complete as perguntas com a palavra correta do quadro abaixo. Em seguida ligue as perguntas às respostas mais prováveis.

lower – stimulate – prevent – lower

Perguntas

1 Are there ways to ____________________ your blood pressure?
2 Is there a way to ____________________ memory loss?
3 What do you do to ____________________ your brain?
4 Do you do anything to ____________________ your cholesterol?

Respostas

FOCO
ASSOCIAÇÃO TÍPICA DE PALAVRAS/ COLOCAÇÕES

a) ☐ Well, I try not to eat fatty foods too often.
b) ☐ Well, I read a lot and study music.
c) ☐ Scientists believe that exercising your brain may prevent memory loss.
d) ☐ Doctors say that regular exercise is a great way to lower blood pressure.

VII. Complete as palavras, formando expressões típicas extraídas do texto. A primeira letra da palavra é dada como dica. Em seguida assinale o equivalente mais próximo em português.

FOCO
EXPRESSÕES

1 It's a __ __ a __ __ __ __ what we eat and how we live and work now.
   a) ☐ Isso é a causa de tudo o que comemos e como vivemos e trabalhamos hoje.
   b) ☐ Tudo é reflexo do que comemos e como vivemos e trabalhamos hoje.

2 Besides, it w__ __ __ __ __ your lungs, s__ __ __ your energy and t__ __ __ __ people off.
   a) ☐ Além disso, ele acaba com o seu pulmão, suga as suas energias e afasta as pessoas de você.
   b) ☐ Além disso, ele acaba com o seu pulmão, suga as suas energias e faz mal para os outros.

3 Watch your weight. This is a n__ -b______.
   a) ☐ Cuidado com o peso. Isso é impossível.
   b) ☐ Cuidado com o peso. Isso é óbvio.

4 Who says you have to s__ in a r______ when you get old?
   a) ☐ Quem disse que você tem que viver numa cadeira de balanço quando ficar velho?
   b) ☐ Quem disse que você tem que sentar numa cadeira de rodas quando ficar velho?

5 Getting old is a __ in your h___!
   a) ☐ Envelhecer é uma fantasia.
   b) ☐ Envelhecer é coisa da sua cabeça.

Real English

VIII. As palavras *ache* e *pain* são duas palavras que têm o mesmo significado ("dor"), porém elas têm diferentes padrões e contextos de uso. Complete as sentenças do quadro abaixo com *pain* ou *ache*.

FOCO
PALAVRAS QUE PODEM CONFUNDIR; COLOCAÇÕES

	pain	*ache*	
1 I have a/an	☐	☐	in my leg.
2 My feet	☐	☐	after I run.
3 I have a stomach-	☐	☐	.
4 She felt no	☐	☐	after the operation.
5 Are you in	☐	☐	?
6 He's got a terrible back	☐	☐	.
7 She's been in	☐	☐	all morning.
8 Does your back still	☐	☐	?
9 My muscles	☐	☐	when I work out.
10 An aspirin will help with the	☐	☐	.

Agora observe nas linhas de concordância evidências de uso real das duas palavras e verifique se suas respostas estão corretas.

1 e was acutely depressed and had a **pain** in the back of her neck. He had t
2 urg Gardens, he became aware of a **pain** in his foot. He took off his shoe
3 not have IUDs. So any abdominal **pain** occurring after a delayed, light
4 for the needs of people in acute **pain** or discomfort as and when necessa
5 e was aware of a feeling of acute **pain**; she was in panic; she was terrif
6 ash no more. I righted myself and **pain** shot up my right leg as I put wei
7 him with much bodily weakness and **pain** for the remainder of his life.
8 that's all right. I had an awful **pain** in my chest and did not know whet
9 and stress plays a part in back **pain**, she said. Horses prepari
10 back or suffer from chronic back **pain**. Strong abdominal muscles will p
11 cin causes a sensation of burning **pain** in the mouth by triggering the tr
12 omb is very rare. It may cause **pain** but often there are no symptoms.
13 breath, and periods of continuous **pain**. ACET SCOTLAND: WHO WIL
14 find it too much, or your are in **pain**, stop and take a rest. As you
15 s ill with AIDS they are often in **pain**. Exhaustion is a permanent featu
16 up his weekend rides as he was in **pain** from the shoulder injury sustaine
17 te. When morning came he was in **pain** and not best pleased. An easy da
18 splants in London were in so much **pain** when they were discharged that on
19 ntil next season. He had felt no **pain**, nor had any indication that, eve
20 le force into our forehead. The **pain** is excruciating. As we check for

1 ed warmth. Dozily she felt her arm **ache**. Then the whole night flooded back
2 you are well on your way to back- **ache** and a good candidate for lumbago,
3 DOES SITTING MAKE YOUR BACK **ACHE**? Are the hours you spend trav
4 pain. Low down &mdash like a belly- **ache**. It's gone now.&equo Bridhe look
5 by the constant pain of her bone **ache** and wearied by the persistent cou
6 ssons and to complain of guts **ache** after eating five KitKats, i
7 slab-delicacy in which the calves **ache** and fingertips scour smooth but

8 at me. I grin back. My cheeks **ache** with the grin. Okay, I can go.
9 sation on passing water A dull **ache** or pain in the lower abdomen
10 s or any infection such as ear- **ache**, or a cough, etc. Going
11 too cold and it's making my face **ache**. I want to leave it, but I carry
12 and exhausted and my feet **ache**. SM will take
13 o cold inside it made your head **ache**. In front of the church of St Ma
14 other woman mother made her heart **ache** anew. I wish I could do so
15 and feel a bit giddy and my legs **ache**. I don't think I should have mi
16 ou want to eat more; your muscles **ache** after exercise, so you miss a few
17 good job but also helps that neck **ache**! Edge cast off using the
18 to the testicles hurts. Stomach **ache** is an additional side effect.
19 lustered, her youngest with tooth- **ache**, she said, but now with Junior Di
20 e normal baby should cause tummy **ache**. If the baby cries uncontrollabl

Recapitulando

IX. Reescreva o texto original, completando as lacunas com a alternativa correta. Procure fazer um exercício de memória e somente no final verifique as respostas.

FOCO
LINGUAGEM INTEGRAL DO TEXTO

"How to **Stay Young** *Forever"*

Sure, it's too much to ask for, ____________ (1. AND/ BUT) who wouldn't want to stay young forever? Everyone ________________ (2. KNOWS/ KNOW) that aging is inevitable and that staying young forever is impossible. But do we have to resign ourselves ____________ (3. TO/ WITH) rickety knees, wrinkles and ________________ (4. WHITE/ GREY) hair as we age or can we hang ________ (5. UP/ ON) to our youth a little longer? According ____________ (6. TO/ WITH) scientists, we can.

Postponing ______________ (7. TO GET/ GETTING) old all starts when we're young. The lifestyles we adopt when we're young or middle-aged

_______________ (8. MAKE/ DO) all the difference in our later years. It's _____________ (9. ALL/ ONLY) about what we eat and how we live and work now. Some of the lifestyle choices we _____________ (10. DO/ MAKE) today will determine if we age gracefully or, – _______________ (11. THANK GOD!/ GOD FORBID!) – end up in an old folks' home. Following ____________ (12. THIS/ THESE) eight recommendations, you can add years to your life and ___________________ (13. GREATLY/ COMPLETELY) increase the quality of your golden years.

1. Don't smoke. Smokers die younger and suffer __________ (14. OF/ FROM) all kinds of smoking-related health problems ____________ (15. SUCH AS/ SO AS) heart disease and cancer. ______________ (16. BESIDES/ HOWEVER), it wrecks your lungs, saps your energy and turns people ____________ (17. OFF/ ON).

2. Eat plenty of fatty acids. The American Heart Association recommends you eat fish _______________ (18. TWICE/ TWO TIMES) a week to get enough omega-3, omega-6 and DHA. These are the _______________ (19. SO-KNOWN/ SO-CALLED) 'good' fats that ward _____________ (20. OFF/ DOWN) heart disease and lower our cholesterol. As an added benefit, they also help keep our skin looking young and ____________ (21. HEALTH/ HEALTHY) and our brains sharp. Can you ask for anything better?

3. Watch your weight. This is a no-brainer. Carrying all that extra weight around puts a strain _________ (22. ON/ IN) your joints and makes your heart work ______________ (23. EXTRA TIME/ OVERTIME) _______________ (24. MOREOVER/ FOR EXAMPLE), that extra fat can end up clogging your arteries, leading to a heart attack. Thin people are also more sprightly and _____________ (25. ENERGETIC/ ENERGETICAL).

4. Eat right. Everyone knows the old _____________ (26. SAY/ SAYING): "You are what you eat". Eating healthy food brings all kinds of health benefits, whatever your age, but certain foods seem to delay the aging process. Research ________________ (27. SHOWED/ HAS SHOWN) that orange and yellow vegetables ____________ (28. AS/ LIKE) squash and sweet potatoes have loads of antioxidants that fight free radicals ______ (29. IN/ ON) the body. They help keep healthy cells from dying or becoming cancerous. ________________ (30. ACTUALLY/ FURTHERMORE), the vitamin A in these vegetables is good for your eyes and skin.

5. Give your heart a workout. Regular cardiovascular exercise keeps your heart ________ (31. IN/ ON) shape, lowers your blood pressure and improves the flow of oxygen to the brain. Just a brisk walk three times a week is enough to help keep your heart and brain younger.

6. Pay attention to your posture. It's amazing how standing up straight makes you look younger, not to ______________ (32. SAY/ MENTION) that your back will thank you for it. Back pain, one of the leading ______ ____________ (33. COMPLAINS/ COMPLAINTS) of seniors, can easily be avoided with simple stretching exercises or yoga. ________________ (34. IN ADDITION TO/ APART FROM) health benefits, joining a yoga or pilates class is a great way to socialize and ______________ (35. KNOW/ MEET) new people.

7. Use your head! Your brain is just like a muscle and needs exercise ___ ____________ (36. EVERYDAY/ EVERY DAY). Stimulating your brain with crossword puzzles, reading or challenging games like chess keeps your cognitive powers up to ______________ (37. SCRATCH/ STRETCH) and could prevent _________ (38. LOST/ LOSS) of memory or even dementia.

8. Think young! Who ____________ (39. SAY/ SAYS) you have to sit in a rocker when you get old? Getting old is all _______ (40. IN/ ON) your head! Take __________ (41. OVER/ UP) new hobbies, get out and meet people, travel, explore and learn new things. These are all ways ________ (42. TO/ FOR) keep a youthful attitude.

PARTE B Tips for staying young

Pré-leitura

Antes de ler o texto ou checar as respostas, leia as informações abaixo.
O texto que segue é uma entrevista entre Laura, uma apresentadora de rádio, e a doutora Helen Harris, médica especialista em envelhecimento.

Leitura

"Tips for staying young"

Laura And with us this morning in the studio we have Dr. Helen Harris, a specialist on aging, to talk about some of the ways we can stay young longer.

Dr. Harris, I suppose there's not a person alive who doesn't want to stay young. The multi-billion dollar cosmetics industry is certainly proof of that. So, do we have to resign ourselves to creams and plastic surgery or is there another way?

Dr. Harris The creams help! (laughing) But there are other ways. First of all, you've got to get out of the sun. Nothing ages your skin like the sun. It's not a bad idea to cover up as much as possible before going out in the sun with long-sleeve shirts and hats with a brim. When you have to be out in the sun, always use sun screen. I recommend at least a number 30. And don't forget to apply it 30 minutes before exposure to the sun. The sun damages our skin in ways that no cream can ever fix. It all comes down to prevention.

Laura What about children? Does this also apply to them?

Dr. Harris It certainly does. The bottom line is that kids are even more sensitive to the harmful ultraviolet rays of the sun. It's the long-term effects that we have to be concerned with. A nice tan looks great when you're young, but you're going to get wrinkles sooner than someone who avoids the sun.

Laura What else can we do to delay the aging process, Dr. Harris? What do you recommend our listeners do?

Dr. Harris I'd say your diet is an important factor as well. It's not a bad idea to load up on fruits and vegetables and complex carbohydrates. Also, you might want to consider avoiding fatty foods and processed foods as much as possible. Eating right can add years to your life and keep you looking and feeling younger. A good night's sleep is also important. We look and feel better when we've had enough sleep. It's important for adults to get between seven and nine hours a night.

Laura Wow, nine hours? All that?

Dr. Harris Yes, for some. Everyone is different, but we need between seven and nine hours. Eight hours should do the trick for most of us. You know that you've had enough sleep when you wake up feeling refreshed in the morning. If you have to drag yourself out of bed, you haven't slept enough and it'll show on your face.

Laura What about exercise? Does regular exercise slow the aging process?

Dr. Harris You bet. When you get right down to it, regular exercise can add years to your life. You might try something as simple as a brisk 30-minute walk every day. At the end of the day, it's not about adding years, but living better. Staying fit through a regular exercise program will leave you feeling more energetic, alert and even happier. In the end, that's what we all hope for when we age, isn't it? Today 70 isn't old... I mean, I see lots of seniors playing tennis, taking sailing lessons, climbing mountains... It's all about keeping fit.

Laura	What is it they say? 70 today is like the 50 of our parent's generation.
Dr. Harris	Precisely.
Laura	Any last words for our listeners?
Dr. Harris	Yes. You can't neglect your mind either. So much of being young is exploring new things, learning, facing challenges... It's important that we continue to do this all through life. Why not take up a new hobby or go back to school? These are great ways to keep your mind young.
Laura	Well, that's all the time we have for today. Thanks for coming Dr. Harris.
Dr. Harris	You're welcome. It was a pleasure.

Pós-leitura

I. Marque verdadeiro (V) ou falso (F), de acordo com o texto.

1 ☐ A situação comunicativa é profissional.
2 ☐ A conversa ocorre em um consultório.
3 ☐ O tom da conversa é amistoso.
4 ☐ A linguagem é formal e técnica.

FOCO
SITUAÇÃO COMUNICATIVA E LINGUAGEM DO TEXTO

II. Qual é o propósito comunicativo do texto? Marque uma das alternativas abaixo, de acordo com o texto.

1 ☐ anunciar/ vender um produto
2 ☐ criticar alguém
3 ☐ informar
4 ☐ elogiar alguém

FOCO
PROPÓSITO COMUNICATIVO DO TEXTO

FOCO
COMPREENSÃO DO TEXTO

III. Quais são as práticas e comportamentos recomendados pela dra. Helen? Marque verdadeiro (V) ou falso (F) para as alternativas abaixo.

1 ☐ "Use protetor solar antes de sair."
2 ☐ "Volte a estudar."
3 ☐ "Como bastante comida enlatada."
4 ☐ "Tenha espírito jovem."
5 ☐ "Durma menos que sete horas por dia."
6 ☐ "Faça exercícios físicos regularmente."
7 ☐ "Evite comer frutas e legumes."
8 ☐ "Tenha boas noites de sono."
9 ☐ "Como comida gordurosa."
10 ☐ "Aprenda coisas novas."
11 ☐ "Pegue um belo bronzeado."
12 ☐ "Use camisa de manga comprida e chapéu no sol."

Explorando a linguagem do texto

IV. Complete as perguntas com a palavra correta do quadro abaixo. Em seguida ligue as perguntas às respostas mais prováveis.

FOCO
ASSOCIAÇÃO TÍPICA DE PALAVRAS/ COLOCAÇÕES

keep – good – industry – rays – effects

Perguntas

1 What do you think the long-term ______________ of eating fatty foods are?
2 What do you do to protect yourself from harmful ultraviolet ______________?
3 Do you think the multi-billion dollar cosmetics ______________ has defined the standard of 'beauty' in our world?
4 How important is a ______________ night's sleep for you?
5 What do you do to ______________ fit?

Respostas

a) ☐ To a large extent, yes. Cosmetics companies are selling a 'look,' aren't they?
b) ☐ I use sun screen.
c) ☐ That's a no-brainer! Fatty foods lead to heart disease.
d) ☐ Extremely important. I can't function with less than 8 hours a night.
e) ☐ Let's see. I go for a brisk walk every day and I play volleyball.

V. Complete as perguntas com a palavra correta do quadro abaixo. Em seguida ligue as perguntas às respostas mais prováveis.

foods – wrinkles – exercise – foods – delay

Perguntas

1 Are processed ____________ part of your everyday diet?
2 How important is regular ____________ for you?
3 Do you avoid fatty ____________?
4 Can you get ____________ from too much sun?
5 Can we ____________ the aging process?

FOCO
ASSOCIAÇÃO TÍPICA DE PALAVRAS/ COLOCAÇÕES

Respostas

a) ☐ To some extent, yes. We can delay it by eating well and getting regular exercise.
b) ☐ Sure, but I'm not a fanatic about it. I mean, I eat some fatty foods once in a while.
c) ☐ Very important. I try to exercise at least 30 minutes a day.
d) ☐ You can say that again! The sun is probably the worst thing for your skin.
e) ☐ Well, not really. I only eat processed foods when I don't have time to cook.

FOCO
FUNÇÃO COMUNICATIVA: FAZER UMA SUGESTÃO; CONCLUIR/ ENFATIZAR UMA IDEIA

VI. Leia o texto novamente e observe o contexto em que as expressões abaixo são usadas. Então, coloque as expressões do quadro na categoria mais adequada.

1 It all comes down to (prevention).
2 I suppose,...
3 The bottom line is that...
4 It's not a bad idea to (load up on fruits and vegetables).
5 When you get right down to it,...
6 ...ought to do the trick.
7 In the end,
8 I'd say...
9 (Also,) you might want to consider (avoiding fatty foods).
10 It's all about (keeping fit).
11 Why not...?
12 At the end of the day....
13 You might try...

FAZER UMA LEVE SUGESTÃO	CONCLUIR/ ENFATIZAR UMA IDEIA

VII. Observe no texto o contexto em que as expressões abaixo são usadas e associe-as às suas respectivas funções comunicativas e equivalentes em português.

FOCO
FUNÇÕES COMUNICATIVAS; EXPRESSÕES

1 You bet
2 Wow
3 (...), I mean
4 First of all
5 All that?
6 You're welcome. It was a pleasure.

a) ☐ "Demonstrar surpresa com uma quantia ou dimensão" (*"Tudo isso?"*)
b) ☐ "Responder a um agradecimento de forma cortês" (*"De nada. Foi um prazer."*)
c) ☐ "Confirmar ou concordar categoricamente" (*"Com certeza!"*)
d) ☐ "Anunciar uma sequência de ideias" (*"Em primeiro lugar,..."*)
e) ☐ "Expressar surpresa" (*"Nossa!"*)
f) ☐ "Reformular ou explicar melhor uma ideia" (*"...,quer dizer,..."*)

VIII. Observe no texto o contexto em que as expressões abaixo são usadas e associe-as às suas respectivas funções comunicativas e equivalentes em português.

FOCO
FUNÇÕES COMUNICATIVAS; EXPRESSÕES

1 ...is certainly proof of that.
2 I recommend...
3 don't forget to...
4 What about... ?
5 What is it they say?
6 Precisely.

a) ☐ "Citar um exemplo claro de algo" (*"...é com certeza uma prova disso."*)
b) ☐ "Confirmar ou concordar categoricamente." (*"Exatamente!"*)
c) ☐ "Recomendar algo" (*"Eu recomendo..."*)
d) ☐ "Lembrar alguém de não fazer algo" (*"Não se esqueça de..."*)
e) ☐ "Lembrar uma citação popular" (*"Como é que dizem por aí?..."*)
f) ☐ "Questionar sobre alguém ou algo" (*"E... ?"/ "O que você me diz sobre... ?"*)

IX. Complete as palavras, formando expressões típicas extraídas do texto. A primeira letra da palavra é dada como dica. Em seguida assinale o equivalente mais próximo em português.

FOCO
EXPRESSÕES

1 It's not a bad idea to l __ __ __ u __ on fruits and vegetables and complex carbohydrates.

a) ☐ Não é má ideia comer muitas frutas e legumes e carboidratos complexos.

b) ☐ Não é má ideia evitar frutas e legumes e carboidratos complexos.

2 Eight hours should d __ the t __ __ __ __ for most of us.

a) ☐ Oito horas fazem mal para a maioria das pessoas.

b) ☐ Oitos horas são suficientes para a maioria das pessoas.

3 If you have to d __ __ __ yourself o __ __ of b __ __, you haven't slept enough.

a) ☐ Se você tem muita dificuldade para se levantar, você não dormiu o suficiente.

b) ☐ Se você tem preguiça de se levantar, você não dormiu o suficiente.

Recapitulando

X. Reescreva o texto original, completando as lacunas com a alternativa correta. Procure fazer um exercício de memória e somente no final verifique as respostas.

FOCO
LINGUAGEM INTEGRAL DO TEXTO

"Tips for staying young"

Laura And with us this morning in the studio we have Dr. Helen Harris, a specialist _________ (1. ON/ IN) aging, to talk about some of the ways we can stay young longer.

Dr. Harris, I suppose there's not a person alive __________ ____________ (2. WHICH/ WHO) doesn't want to stay young.

The multi-billion dollar cosmetics industry is certainly __________________ (3. PROVE/ PROOF) of that. So, do we have to resign ourselves to creams and plastic surgery or ________ (4. THERE IS/ IS THERE) another way?

Dr. Harris The creams help! (laughing) But there ________ (5. ARE/ IS) other ways. ______________ (6. FIRST OF ALL/ HOWEVER), you've got to get out of the sun. Nothing ages your skin like the sun. It's not a bad idea to cover ________ (7. UP/ ON) as much as possible before __________ (8. GO/ GOING) out in the sun with long-sleeve shirts and hats with a brim. When you have to be out in the sun, always __________ (9. WEAR/ USE) sun screen. I recommend at ________ (10. LEAST/ LAST) a number 30. And don't forget to ________ (11. PASS/ APPLY) it 30 minutes before exposure to the sun. The sun damages our skin in ways that no cream can ever ________ (12. FIX / HELP). It all comes ________ (13. UP/ DOWN) to prevention.

Laura What about children? __________ (14. DOES/ DO) this also apply to them?

Dr. Harris It certainly ________ (15. DO/ DOES). The __________ (16. BOTTOM/ TOP) line is that kids are even more __________ (17. SENSITIVE/ SENSIBLE) to the harmful ultraviolet rays of the sun. It's the __________ (18. LONG-TIME/ LONG-TERM) effects that we have to be concerned with. A nice ________ (19. BROWN/ TAN) looks great when you're young, but you're going to ______________ (20. GET/ STAY WITH) wrinkles sooner than someone who avoids the sun.

Laura What else can we __________ (21. MAKE/ DO) to delay the aging process, Dr. Harris? What do you recommend our listeners ________ (22. TO DO/ DO)?

Dr. Harris I'd say your diet is an important factor as well. It's not a bad idea to load up ______ (23. ON/ OF) fruits and vegetables and complex carbohydrates. Also, you might want to consider ______________ (24. TO AVOID/ AVOIDING) fatty foods and processed foods as much as possible. Eating right can add years ______ (25. TO/ IN) your life and keep you looking and feeling younger. A good night's sleep is also important. We look and feel better when we've had enough sleep. It's important for adults to __________ (26. GET/ TAKE) between seven and nine hours a night.

Laura Wow, nine hours? All ____________ (27. THIS/ THAT)?

Dr. Harris Yes, for some. Everyone is different, but we need between seven and nine hours. Eight hours should ____________ (28. PUT/ DO) the trick for most of us. You know that you've had enough sleep when you wake up feeling refreshed in the morning. If you have to drag yourself ______________ (29. FROM/ OUT OF) bed, you haven't slept enough and it'll show ________ (30. IN/ ON) your face.

Laura What about exercise? __________ (31. DOES/ DO) regular exercise slow the aging process?

Dr. Harris _____________ (32. REALLY/ YOU BET). When you get right down ___________ (33. TO/ WITH) it, regular exercise can add years to your life. You might try something as simple as a brisk ____________________ (34. 30-MINUTE/ 30-MINUTES) walk every day. At the end of the day, it's not about adding years, but living better. Staying fit through a regular exercise program will __________ (35. LEAVE/ LIVE) you feeling more energetic, alert and even _____________ (36. MORE HAPPY/ HAPPIER). In the end, that's what we all hope for when we age, ________________ (37. ISN'T IT/ DOESN'T IT)? Today 70 isn't old... I mean, I see lots of seniors playing tennis, _________________ (38. TAKING/ MAKING) sailing lessons, climbing mountains... It's all about keeping fit.

Laura What is it they say? 70 today is like the 50 of our ___________ (39. FATHERS'/ PARENTS') generation.

Dr. Harris ___________________ (40. PRECISELY/ WOW).

Laura Any last words for our listeners?

Dr. Harris Yes. You can't neglect your mind ________ (41. TOO/ EITHER). So much of being young is exploring new things, learning, facing challenges... It's important ________________ (42. THAT WE CONTINUE/ WE CONTINUE) to do this all through life. Why not take up a new hobby or go back to school? These are great ways to keep your mind young.

Laura Well, that's all the time we have for today. Thanks ________ (43. TO COME/ FOR COMING) Dr. Harris.

Dr. Harris You're welcome. It was __________ (44. NICE/ A PLEASURE).

Couchsurfing the world

MÓDULO

8

PARTE A

Travel the world one couch at a time

Pré-leitura

Antes de ler o texto ou checar as respostas, sempre siga as seguintes instruções:

- Dê uma olhada rápida no título, figuras, subtítulos, gráficos, desenhos, autor, fonte, palavras em destaque, formato geral etc. Isso o ajudará a antecipar o tipo de texto e o conhecimento que precisará ativar para lê-lo.
- Sempre que possível, procure situar o texto, refletindo sobre o possível autor, leitor, quando e onde foi publicado e com que propósito.
- Em uma folha de papel em branco, faça um *brainstorming* do tema central do texto, ou seja, escreva tudo o que o título lhe traz à cabeça em inglês em um minuto. Use principalmente verbos e substantivos. Essa técnica o ajudará a ativar a linguagem necessária para uma leitura mais fácil do texto.
- Após a leitura verifique o quanto você conseguiu prever a respeito do texto antes mesmo de tê-lo lido!

I. O texto que você vai ler pertence a que tipo? Assinale uma das alternativas abaixo.

FOCO
ANTECIPAÇÃO DO TIPO DE TEXTO QUE SERÁ LIDO

1 ☐ biografia
2 ☐ propaganda
3 ☐ blog
4 ☐ artigo de revista/ jornal
5 ☐ fórum de Internet

II. Qual é o propósito comunicativo do texto que você vai ler? Assinale uma das alternativas abaixo.

FOCO
ANTECIPAÇÃO DO PROPÓSITO COMUNICATIVO DO TEXTO QUE SERÁ LIDO

1 ☐ alertar alguém dos perigos de algo
2 ☐ vender um produto

3 ☐ explicar como se usa um produto ou serviço
4 ☐ descrever um produto ou serviço

Agora leia o texto e verifique se as suas expectativas estavam corretas. Confira as respostas no final do livro.

Leitura

"Travel the world one couch at a time"

It was inevitable in the age of Orkut and Facebook that someone would come up with a way to use the net to swing a free night on someone's sofa while traveling out of town. They call it 'couchsurfing' and it's taking the travel world by storm.

Launched in 2004, couchsurfing has as its mission statement '*Participate in Creating a Better World, One Couch at a Time*.' Today there are more than a million people in the couchsurfing community in over 200 countries. Members form a network of contacts around the world who offer their couches for a night to visiting couchsurfers. It's a chance for visitors to get to know what life is like in another country or city by spending time with a local host, even if it's only for a night or two in each home. The best part, according to couchsurfers, is the chance to visit interesting places only the locals know about; places a typical tourist won't find in a travel guide. Dennis Gibb, a London university student, is a case in point. On a recent jaunt in Athens he spent most of his nights checking out the local club scene with his hosts – places he would never have even known existed if not for the contact with a local. "I met tons of interesting people and went to a different bar every night. I had no idea Athens had such an awesome nightlife. And the free couch to crash on was icing on the cake!"

How did it all begin? Couchsurfing is the brainchild of Casey Fenton and the idea for a virtual network of travelers and hosts came to him in an epiphany just before a trip to Iceland in 2000. With a cheap ticket from Boston to Iceland in hand and very little money in his pocket, Casey had the novel idea of sending 1,500 random e-mails to university students in Reykjavík asking if he could crash on someone's sofa while he visited the city. To his surprise, he received a lot of positive replies. To make a long story short, Casey had a great time in Iceland, didn't spend a cent on lodgings and, to boot, got wined and dined by his local hosts. Is this a traveler's dream come true or what? But couchsurfing has higher aspirations than just arranging accommodation for travelers. It attempts to bridge cultural chasms by allowing people of different cultures to really get to know each other. Hanging out with the locals breaks down barriers and gives us a deeper understanding of other cultures.

Some skeptics will say that this is all fine and dandy, but aren't there risks in letting a stranger into your home? Couchsurfing tries to minimize the risks by restricting membership to 'friends' who are invited to join the couchsurfing community. New members go through a kind of security screening and are required to create a detailed personal profile. There is a system of 'rep points' where couchsurfers can evaluate members after their encounter. This way, undesirable members quickly get negative comments that serve to warn others. "I've never had an unpleasant experience," says Dennis Gibb "but I always do my homework before and look for other couchsurfers my own age with similar interests."

Couchsurfing is unlikely to put the world's hotels and resorts out of business, but there can be no doubt that a new age of travel has begun with couchsurfing. At the very least, it gives people the chance to travel on a tight budget, make friends around the world and exchange viewpoints, which is just what the founder of couchsurfing had in mind when he started it.

Curiosidades

Para mais informações sobre *couchsurfing* visite os sites: <http://www.couchsurfing.org/> e <http://en.wikipedia.org/wiki/CouchSurfing>.

Pós-leitura

FOCO
COMPREENSÃO DO TEXTO

III. O texto tem cinco parágrafos. Os enunciados abaixo representam a síntese de cada parágrafo. Associe-os na ordem correta (letras a-e).

1 ☐ A rede de *coachsurfing* possui mais de um milhão de membros em mais de 200 países.

2 ☐ A prática de *couchsurfing* não vai substituir os hotéis como principais fontes de acomodação.

3 ☐ Há dispositivos internos de segurança na rede de *coachsurfing*.

4 ☐ A prática de *coachsurfing* surge em uma era de comunidades virtuais.

5 ☐ Uma ideia brilhante antes de uma viagem deu origem ao conceito de *coachsurfing*.

Explorando a linguagem do texto

IV. Complete as lacunas com uma palavra, formando colocações extraídas do texto. Em seguida indique os equivalentes mais próximos em português. A primeira letra da palavra é dada como dica. Se não conseguir fazer de memória, leia o texto novamente e identifique as colocações no seu contexto de uso.

FOCO
ASSOCIAÇÃO TÍPICA DE PALAVRAS/ COLOCAÇÕES

COLLOCATIONS		EQUIVALENTES EM PORTUGUÊS
1	c ______________ scene	☐ a rede de amigos e contatos virtuais
2	v ______________ network	☐ b vida noturna de bares e casas de dança
3	s ______________ screening	☐ c orçamento limitado
4	t ______________ budget	☐ d pontuação para avaliar reputação
5	r ______________ points	☐ e verificação de antecedentes pessoais

V. Complete as lacunas com uma palavra, formando colocações extraídas do texto. Em seguida indique os equivalentes mais próximos em português. A primeira letra da palavra é dada como dica. Se não conseguir fazer de memória, leia o texto novamente e identifique as colocações no seu contexto de uso.

FOCO
ASSOCIAÇÃO TÍPICA DE PALAVRAS/ COLOCAÇÕES

COLLOCATIONS		EQUIVALENTES EM PORTUGUÊS
1	a ______________ accommodations	☐ a minimizar os riscos
2	b ______________ cultural chasms	☐ b trocar pontos de vista
3	c ______________ the club scene	☐ c estreitar os relações culturais
4	m ______________ the risks	☐ d arranjar lugar para dormir
5	e ______________ viewpoints	☐ e conhecer a vida noturna

VI. Complete as palavras, formando expressões extraídas do texto. A primeira letra da palavra é dada como dica. Em seguida assinale o equivalente mais próximo em português.

FOCO
EXPRESSÕES

1 It's t__ __ __ __ __ the travel world by s__ __ __ __.

a) ☐ Isso está prejudicando o mundo do turismo.

b) ☐ Isso está revolucionando o mundo do turismo.

2 Is this a traveler's dr__ __ __ c__ __ __ tr__ __ or what?

a) ☐ Isso tira ou não tira o sono de todo viajante?

b) ☐ Esse é ou não é o sonho de todo viajante?

3 The free couch to cr __ __ __ on was i __ __ __ __ on the ca __ __!
a) ☐ O sofá de graça para dormir fechou com chave de ouro!
b) ☐ O sofá de graça para dormir estragou a festa!

4 Some skeptics will say that this is all fi __ __ and da __ __ __ but...
a) ☐ Alguns céticos vão dizer que isto é ultrapassado, mas...
b) ☐ Alguns céticos vão dizer que isto é muito bom e coisa e tal, mas...

5 Dennis Gibb, a London university student, is a c __ __ __ in po __ __ __.
a) ☐ Dennis Gibb, um estudante universitário de Londres, é um caso típico.
b) ☐ Dennis Gibb, um estudante universitário de Londres, é um caso à parte.

6 Casey got wi __ __ __ and di __ __ __.
a) ☐ Casey foi bem recebido com muita comida e bebida.
b) ☐ Casey teve que pagar pela comida e bebida.

Real English

VII. As palavras *trip*, *travel* e *go away* podem confundir, pois são usadas com diferentes padrões e em diferentes contextos de uso em inglês. Complete as sentenças do quadro abaixo com *travel*, *trip* ou *go away*.

FOCO
COLOCAÇÕES; PADRÕES DE USO

		travel	*trip*	*go away*	
1	Why don't we	☐	☐	☐	for the weekend?
2	We'd like to take a	☐	☐	☐	to Europe next summer.
3	They are going to	☐	☐	☐	through Canada by train.
4	I have to	☐	☐	☐	abroad a lot in my work.
5	She needs to	☐	☐	☐	for a few days to relax.
6	Jack is in New York on a business	☐	☐	☐	.
7	We almost never	☐	☐	☐	on holiday.
8	How was your	☐	☐	☐	to Italy?
9	Are you going to make the	☐	☐	☐	to Washington again this year?

	travel	*trip*	*go away*	
10 She doesn't want to	☐	☐	☐	this weekend.
11 She wants to	☐	☐	☐	around the world by boat.
12 It sounds like you had a lovely	☐	☐	☐	.

Agora observe nas linhas de concordância evidências de uso real dos três verbos e verifique se suas respostas estão corretas.

Travel

1 These gains, usually lavished on **travel** abroad, foreign cars and luxuries
2 on the cards. One for those who **travel** by aircraft and one for those who
3 aircraft and one for those who **travel** by train between London and Paris
4 (A better alternative might be to **travel** by rail or plane to L'Orient, 30
5 and being no more seen, were to **travel** by car. Jack and Warnie were to go
6 offloaded over a beach and thence **travel** by road into the theatre of opera
7 the railways came and boys could **travel** long distances to school and the
8 pect it enjoyed that people could **travel** through Europe confident that the
9 when she heard of my decision to **travel** to London. &bquoForeigners have
10 but in the United Kingdom **travel** to arrange the funeral, or to go
11 cuts off escape routes by banning **travel** to Czechoslovakia, Hungary and
12 less frequently now because Frank **travelled** abroad and was away much of the
13 ty-three years at the top, he had **travelled** all over the world, he had storie

Trip

1 soul so dead that she can take a **trip** round Bath's exhilarating archite
2 producer G. B. Samuelson made a **trip** to Universal Studios, where he
3 of the college course we took a **trip** to Bristol to help with an evange

4 uoI think he said he was taking a **trip** down to the Orne bridges round
5 dores. Vanne took the first boat **trip** across Lake Tanganyika to Gombe S
6 ornithologists may make the boat **trip** from Bideford more than once. It
7 about £2,500. The Borneo **trip** might have been designed to match
8 had not been prepared for the bus **trip** into and out of the town and the
9 where a Lions fan on a business **trip** (!) reported a oMillwall Unfa
10 ude a day to Salzburg; a full day **trip** to King Ludwig's exquisite folly
11 emember we all went on a school **trip** to the Geffrye Museum of period
12 ast-based activists have made the **trip** to Brighton this year, adding the
13 Teicher, who had gone on the **trip** to Tehran and had seen the spare

Go away

1 curred to her; she and Lucy would **go away** for a weekend to the heart of the
2 ocal authority helpers. Unable to **go away** for weekends or holidays, she nev
3 here sometimes. Why don't we just **go away** for the day? Where wo
4 packed up her car as if about to **go away** for the weekend, then sauntered u
5 ou can test for its effects is to **go away** for a while, to a house without s
6 uss with the others. We could **go away** for a weekend together, we could;
7 w days in cold weather? If you **go away** for the weekend during the winter
8 with £500 cash so he could **go away** for a few days. Armed officer
9 love, but&hellip but she's had to **go away** for a day or two.&equo &bquoWh
10 precious Miss Cress. And I can **go away** on holiday at last. It was
11 to allow the carer the freedom to **go away** on holiday, as it is well recogn
12 anning don't want to **go away** this weekend. Don't be tem

Recapitulando

VIII. Reescreva o texto original, completando as lacunas com a alternativa correta. Procure fazer um exercício de memória e somente no final verifique as respostas.

FOCO
LINGUAGEM INTEGRAL DO TEXTO

"Travel the world one couch at a time"

It was inevitable __________ (1. IN/ AT) the age of Orkut and Facebook that someone would come ______________ (2. DOWN/ UP) with a way to use the net to ____________________ (3. SWING/ SLEEP) a free night on someone's sofa while traveling out of town. They call it 'couchsurfing' and it's ______________ (4. PUTTING/ TAKING) the travel world by storm.

Launched in 2004, couchsurfing has as ____________ (5. HER/ ITS) mission statement '*Participate in Creating a Better World, One Couch at a Time.*' Today there __________ (6. IS/ ARE) more than a million people in the couchsurfing community in over 200 countries. Members form a network of contacts around the world _______________ (7. WHO/ WHICH) offer their couches for a night to visiting couchsurfers. It's a chance ______ (8. TO/ FOR) visitors to ________________ (9. GET TO KNOW/ KNOW) what life is like in another country or city by spending time with a local host, _____________ (10. JUST/ EVEN) if it's only for a night or two in each home. The best part, according ________ (11. TO/ WITH) couchsurfers, is the chance to visit interesting places only the locals know about; places a typical tourist won't find in a _______________ (12. TRAVEL/ TRAVELING) guide. Dennis Gibb, a London university student, is a _________________ (13. POINT IN CASE/ CASE IN POINT). _______ (14. ON/ IN) a recent jaunt in Athens he spent most of his nights checking __________ (15. DOWN/ OUT) the local club scene with his hosts – places he ___________ (16. WOULDN'T/ WOULD) never have even known existed if not for the contact with a local. "I met tons of interesting people and went to a different bar every night. I had no idea Athens had ________________ (17. SUCH/ SO) an awesome nightlife. And the free couch to crash on was icing _________ (18. IN/ ON) the cake!"

How did it all ________________ (19. BEGIN/ BEGAN)? Couchsurfing is the brainchild of Casey Fenton and the idea for a virtual network of travelers and hosts came __________ (20. TO/ FOR) him in an epiphany just before a trip to Iceland in 2000. With a cheap ticket from Boston to Iceland __________ (21. IN/ ON) hand and very little money in his pocket, Casey had the ________________ (22. NOVEL/ NEW) idea of sending 1,500 ________________ (23. FREE/ RANDOM) e-mails to university students in Reykjavík asking if he could crash on someone's sofa ________________ (24. WHILE/ WHERE) he visited the city. _____________ (25. To/ For) his surprise, he ____________________ (26. RECEIVED/ HAS RECEIVED) a lot of positive replies. To make a long story ________________ (27. END/ SHORT), Casey had a great time in Iceland, didn't spend a cent _______ (28. ON/ IN) lodgings and, to _________________ (29. finish/ boot), got ________________________________ (30. DINED AND WINED/ WINED AND DINED) by his local hosts. Is this a traveler's dream come true or __________ (31. NOT/ WHAT)? But couchsurfing has higher aspirations than just arranging accommodation for travelers. It attempts to bridge cultural _______________ (32. CHASMS/ CLIFFS) by allowing people of different cultures to ______________ (33. JUST/ REALLY) get to know each other. Hanging __________ (34. UP/ OUT) with the locals breaks ______________ (35. AWAY/ DOWN) barriers and gives us a deeper understanding of other cultures.

Some _________________ (36. LUNATICS/ SKEPTICS) will say that this is all fine and _______________ (37. DANDY/ DADDY), but aren't there risks in letting a stranger ________________ (38. ENTER/ INTO) your home? Couchsurfing tries ____________________ (39. MINIMIZING/ TO MINIMIZE) the risks by restricting membership to 'friends' who are invited to join the couchsurfing community. New members go ________________ (40. THROUGH/ ACROSS) a kind of security screening and are required to create a detailed personal profile. There is a system of '_____________ (41. REP/ RAP) points' where couchsurfers can ________________ (42. EXAM/ EVALUATE) members after their encounter. ______________ (43. This way/ However), undesirable members quickly get negative comments that serve to ________________ (44. ADVISE/ WARN) others. "I've never had an unpleasant experience," ______________ (45. SAYS/ TELLS) Dennis Gibb "but I always do my homework before and look ______________ (46. AFTER/ FOR) other couchsurfers my own age with similar interests."

Couchsurfing is unlikely ______________ (47. TO PUT/ PUT) the world's hotels and resorts out of business, but there can be no doubt that a new age of travel has ____________________ (48. BEGIN/ BEGUN) with couchsurfing. At the very least, it gives people the chance to travel ________ (49. ON/ IN) a tight budget, make friends around the world and ___________________ (50. change/ exchange) viewpoints, which is just what the founder of couchsurfing had in mind when he started it.

PARTE B Update from São Paulo

Pré-leitura

Antes de ler o texto ou checar as respostas, siga as instruções abaixo.

I. O texto que você vai ler pertence a que tipo? Assinale uma das alternativas abaixo.

1 ☐ e-mail
2 ☐ fórum de Internet
3 ☐ blog
4 ☐ entrevista
5 ☐ propaganda

FOCO
ANTECIPAÇÃO DO TIPO DE TEXTO QUE SERÁ LIDO

II. Qual é o propósito comunicativo do texto que você vai ler? Assinale uma das alternativas abaixo.

1 ☐ alertar alguém dos perigos de algo
2 ☐ manter as pessoas informadas dos acontecimentos pessoais em tempo real
3 ☐ vender um produto pela Internet
4 ☐ convencer alguém de uma ideia
5 ☐ dar instruções de como fazer algo

FOCO
ANTECIPAÇÃO DO PROPÓSITO COMUNICATIVO DO TEXTO QUE SERÁ LIDO

Leitura

Agora leia o texto, verifique se as suas expectativas estavam corretas. Em seguida verifique as respostas no final do livro.

"Update from **São Paulo***"*

12

March 15, 2009 by Crissy

Wassup guys? I've got just one thing to say to all you guys back home in freezing cold Minnesota - eat your heart out!!! It's 80 degrees and sunny here!

I haven't written anything in the blog for a few days 'cuz I've just been too busy here in São Paulo. Isn't it cool that I'm from Saint Paul and now I'm visiting São Paulo, which is Saint Paul in Portuguese? Anyway, I gotta say, this city is really wild! I knew it was humongous before I arrived, but nothing prepared me for the view from the airplane window. It just goes on and on. Talk about urban sprawl! I was tickled pink that my couch-surfing host, Janaína, picked me up at the airport and drove me back to her place. It was pretty cool of her. The drive from the airport was pretty hairy. People drive like friggin' maniacs here! After we got back to her place and freshened up a bit we hit the town. We had dinner at a BBQ place where they keep serving you barbecued meat until you can't eat another bite. It's called a 'rodízio.' Absolutely brilliant! You pay a fixed price and eat all you want. Just awesome! Then we went out for a walk around her neighborhood where we had a coffee at a very hip little bar. Everyone was really friendly and most of the people I met spoke some English. The next day, Friday, I went off on my own to see some of the sights while Janaína was at work. I walked around and did a little shopping. I bought some prezzies for folks back home. Anyhow, I got the subway at rush hour on the way back to Janaína's. BIG MISTAKE! Man, can they ever pack 'em in!

On Saturday Janaína took me to CEASA, the biggest open market I've ever seen. It's absolutely huge! I spent about an hour just gawking at the different kinds of fruit. I didn't know half of them. Even bananas here come in different shapes, sizes and colors. Janaína insisted I try some of the street food at the market. We ate a fried pastry with meat inside called a 'pastel.' Pretty tasty, but a bit of a letdown after the BBQ the night before. Some of the other stuff looked kinda gross so I didn't eat them. Well, that's it for now. More later. I'm off to a dance club in a few minutes with Janaína! Luv u guys!

Deixe seu comentário **Envie esta mensagem**

Pós-leitura

FOCO
SITUAÇÃO COMUNICATIVA E LINGUAGEM DO TEXTO

III. Circule as palavras do quadro que melhor descrevem a linguagem do texto.

formal		pessoal
científico	informal	espontâneo
irreverente		sério

IV. Coloque os eventos em ordem cronológica (a-d), de acordo com o texto.

FOCO
COMPREENSÃO DO TEXTO

1 ☐ Chrissy pega o metrô.
2 ☐ Elas tomam café em um barzinho bacana.
3 ☐ Janaína leva Chrissy ao CEASA.
4 ☐ Chrissy come churrasco em um rodízio pela primeira vez.

Explorando a linguagem do texto

V. Complete as sentenças com a palavra correta do quadro abaixo, de acordo com o texto.

FOCO
ASSOCIAÇÃO TÍPICA DE PALAVRAS/ COLOCAÇÕES

did – had – got – had – took – spent

1 I ________________ the subway at rush hour on the way back to Janaína's.
2 We ________________ a coffee at a very hip little bar.
3 We ________________ dinner at a BBQ place.
4 On Saturday Janaína ________________ me to CEASA.
5 I ______________ about an hour just gawking at the different kinds of fruit.
6 I ________________ a little shopping.

VI. Complete as palavras, formando expressões típicas extraídas do texto. A primeira letra da palavra é dada como dica. Em seguida assinale o equivalente mais próximo em português.

FOCO
EXPRESSÕES

1 W __ __ __ __ __ guys?
a) ☐ O que aconteceu, galera?
b) ☐ E aí, galera?

2 Eat your he __ __ __ out!

a) ☐ Morram de inveja!

b) ☐ Tenha paciência!

3 T __ __ __ about urban sprawl!

a) ☐ Isso é que é uma verdadeira revolução urbana!

b) ☐ Isso é que é uma verdadeira expansão urbana!

4 I was t __ __ __ __ __ __ pink that Janaína p __ __ __ __ __ me up at the airport.

a) ☐ Eu fiquei muito feliz pela Janaína ter me buscado no aeroporto.

b) ☐ Eu fiquei envergonhada pela Janaína ter me buscado no aeroporto.

5 It was pr __ __ __ __ cool of her.

a) ☐ Foi muito legal da parte dela.

b) ☐ Foi muito frio da parte dela.

6 We h __ __ the town.

a) ☐ Nós fomos pra balada.

b) ☐ Nós fomos para a cidade.

7 I'm o __ __ to a dance club.

a) ☐ Eu estou chegando de uma danceteria.

b) ☐ Eu estou de saída para uma danceteria.

8 I can't e __ __ another b __ __ __.

a) ☐ Eu não consigo comer mais nada.

b) ☐ Eu não consigo achar nada para comer.

9 Can they e __ __ r p __ __ __'em in!

a) ☐ Nossa! Como é que eles conseguem colocá-los para dentro?

b) ☐ Nossa! Será quc cles conseguem colocá-los para dentro?

VII. Encontre as palavras e expressões do quadro no texto. Veja se você consegue identificar o significado delas no contexto. Elas têm conotação positiva ou negativa no texto? Escreva-as na categoria correta abaixo.

FOCO
PALAVRAS E EXPRESSÕES DE CONOTAÇÃO POSITIVA/ NEGATIVA

tickled pink hairy cool brilliant awesome
hip gross tasty wild urban sprawl

CONOTAÇÃO POSITIVA	CONOTAÇÃO NEGATIVA
______________________	______________________
______________________	______________________
______________________	______________________
______________________	______________________
______________________	______________________

VIII. Na era da comunicação digital em tempo real há uma tendência a se escrever usando abreviações e formas coloquiais de palavras e expressões. Leia o texto novamente e encontre abreviações para as palavras e expressões abaixo.

FOCO
LINGUAGEM DA INTERNET

1 because ______________________
2 got to ______________________
3 What's up? ______________________
4 them ______________________
5 love ______________________
6 you ______________________
7 kind of ______________________
8 present ______________________

Recapitulando

IX. Reescreva o texto original, completando as lacunas com a alternativa correta. Procure fazer um exercício de memória e somente no final verifique as respostas.

FOCO
LINGUAGEM INTEGRAL DO TEXTO

"Update from São Paulo"

March 15, 2009

Wassup guys? I've got just one thing to ____________ (1. SAY/ TELL) to all you guys back home in freezing cold Minnesota – eat your heart ______ (2. UP/ OUT)!!! It's 80 degrees and sunny here!

I haven't ______________ (3. WROTE/ WRITTEN) anything in the blog for a few days ________________ (4. BECAUSE/ 'CUZ) I've just been too busy here in São Paulo. Isn't it cool that I'm from Saint Paul and now I'm visiting São Paulo, which is Saint Paul in Portuguese? ______________, (5. ANYWAY/ FOR EXAMPLE) I gotta say, this city is really wild! I knew it was humongous before I arrived, but nothing prepared me for the view from the airplane window. It just goes on and on. ________________ (6. SPEAK/ TALK) about urban sprawl! I was tickled ________ (7. RED/ PINK) that my couchsurfing host, Janaína, picked me ________ (8. OVER/ UP) at the airport and drove me back to her place. It was pretty cool _____ (9. BY/ OF) her. The drive from the airport was pretty hairy. People drive like friggin' maniacs here! After we got back to her place and freshened __________ (10. UP/ DOWN) a bit we ______________ (11. HIT/ WENT TO) the town. We ________ (12. ATE/ HAD) dinner at a BBQ place where they keep serving you barbecued meat until you can't eat another ________ (13. BITE/ PIECE). It's called a 'rodízio.' ____________________ (14. VERY/ ABSOLUTELY) brilliant! You pay a fixed price and eat all you want. Just awesome! Then we went out for ____________ (15. A WALK/ WALK) around her neighborhood where we ______________ (16. DRANK/ HAD) a coffee at a very hip little bar. Everyone was really friendly and most of the people I met ________________ (17. TALKED/ SPOKE) some English. The next day, Friday, I went off ______ (18. BY/ ON) my own to see some of the sights while Janaína was at work. I walked around and ___________________ (19. MADE/ DID) a little shopping. I bought some prezzies for folks back home. _________________ (20. ANYHOW/ ACTUALLY) I got the subway at rush hour _______ (21. IN/ ON) the way back to Janaína's. BIG MISTAKE! Man, can they ________________ (22. NEVER/ EVER) pack 'em in!

On Saturday Janaína took me to CEASA, the biggest open market I've ever seen. It's absolutely huge! I spent about an hour just gawking ______ (23. TO/ AT) the different kinds of fruit. I didn't know half of them. Even bananas here come in different shapes, sizes and colors. Janaína insisted I try some of the street food at the market. We ate a fried pastry with meat inside called a pastel. Pretty ____________________ (24. TASTEFUL/ TASTY), but a bit of a letdown after the BBQ the night before. Some of the other stuff looked kinda gross ______________ (25. THEN/ SO) I didn't eat them. Well, that's it for now. More later. I'm off ______ (26. IN/ TO) a dance club in a few minutes with Janaína! Luv u ______________ (27. PEOPLE/ GUYS)!

Respostas

R

MODULO 1 Texto A

I. 4

II. 4

III. 4

IV.

1 carnival / e
2 pork / a
3 garlic / b
4 pressure / c
5 orange / g
6 manioc / f
7 collard / d

V.

1 best-kept / f
2 culinary / d
3 hot / b
4 smoked / a
5 jerked / c
6 local / e

VI.

1 Soak the beans overnight. / d
2 Boil the spaghetti in a large pot of water. / f
3 Sauté the collard greens in olive oil and garlic. / a
4 Fry the bacon until crispy. / g
5 Bake the cake for 40 minutes. / e
6 Roast the chicken with potatoes in a hot oven. / b
7 Simmer the soup on low heat for 30 minutes. / c

VII.

1 What's the first thing that comes to mind? / b
2 The story goes that ... / a
3 But it's worth it! / a

VIII.

1 well-earned rest
2 two-week holiday
3 well-fed dog
4 run-down house
5 pan-fried trout

IX.

1 Cut
2 Add
3 crush
4 shake
5 Don't drink

IX.

1 Cut
2 Add
3 crush
4 shake
5 Don't drink

X.

1 dish
2 plate
3 dish ... plate

XI.

1 melting
2 mind
3 parade
4 on
5 best-kept
6 incredibly
7 dish
8 up
9 back
10 goes
11 into
12 takes
13 worth it
14 smoked
15 pork
16 cloves
17 aside
18 in
19 until
20 greens

MODULO 1 Texto B

I. 1

II.

1 V
2 F
3 V
4 V
5 V

III.

1 F
2 V
3 F
4 F
5 V

IV.

EXPRESSAR REAÇÃO	ATRAIR A ATENÇÃO
Oh! Really? Right Uh huh Wow!	Here See? Look Well?

V.

1 What am I supposed to do with the orange slices? / a
2 Just try it! You will like it. / b
3 Take my word for it. / a
4 Careful with the hot sauce. It packs a punch! / b
5 I could eat a horse. / a

VI.

1 Looks good.
2 You hungry?
3 Sure smells good.
4 Takes all day to make.
5 You see?

VII.

	tasty	*tasteful*
1 decoration	☐	☑
2 snack	☑	☐
3 collection of paintings	☐	☑
4 clothes	☐	☑
5 pizza	☑	☐
6 hot chocolate	☑	☐
7 apartment	☐	☑
8 chicken sandwich	☑	☐
9 wedding dress	☐	☑
10 apple pie	☑	☐

VIII.

1 tasty
2 tasteful

IX.

1 horse
2 dish
3 on
4 Looks
5 Takes
6 Really?
7 supposed
8 Here
9 arrange
10 on
11 See?
12 Just
13 Uh huh
14 take
15 punch
16 Wow
17 Looks
18 Looks
19 Sure is
20 taste

MODULO 2 Texto A

I. 4

II. 4

III. 2

IV.

1 V
2 V
3 F
4 V
5 V

V.

1 classical / e
2 serial / b
3 on-line / d
4 virtual / a
5 social / c

VI.

1 She got more than she bargained for. / b
2 If all goes well, we'll go out again. / b
3 That's the question on everyone's mind. / a
4 He's having a bit of fun at your expense. / b

5 You have to prepare for the worst and hope for the best. / a
6 You might find the love of your life on the net. / a
7 That's the way the cookie crumbles. / b

VII.

EXPLICAR MELHOR/ ENFATIZAR	CONTRASTAR IDEIAS DIFERENTES
in other words my point here is if you get my drift look at it this way let's face it of course	on the minus side on the plus side but

VIII.

1 On the plus side
2 on the minus side
3 Let's face it
4 Of course
5 Look at it this way
6 In other words
7 if you get my drift

IX.

1 went
2 out
3 date
4 on

X. 2

XI.

1 for
2 on
3 even
4 met
5 as
6 on
7 face
15 in fact
16 likes
17 some
18 expense
19 goes
20 get
21 out

8 're going to
9 get
10 In other words
11 who
12 expect
13 gone
14 Of course
22 sitting
23 plus
24 minus
25 weirdoes
26 crumbles
27 getting

MODULO 2 Texto B

I.

1 V
2 F
3 V
4 F

II.

1 V
2 F
3 V
4 F
5 F
6 F

III.

1 c
2 f
3 d
4 b
5 a
6 e

IV.

1 Are you kidding? / b
2 You're pulling my leg, right? / c
3 Wow! / a

V.

1 go
2 guy
3 put
4 Oh?
10 take
11 lcg
12 fun
13 job

5 all
6 expecting
7 like
8 win
9 ask
14 fancy
15 Wow
16 see
17 kidding
18 out

MODULO 3 Texto A

I. 3

II. 4

III. 3

IV.
1 V
2 V
3 V
4 F

V.
1 ecological / c
2 eco- / b
3 shopping / e
4 ecological / d
5 green / f
6 mother / a

VI.
1 separate / b
2 have / d
3 take / a
4 reconsider / e
5 have / c

VII.

	environmental	ecological	natural
11 damage	☑	☐	☐
12 change	☑	☑	☐
13 habitat	☐	☐	☑
14 resources	☐	☐	☑
15 thinking	☐	☑	☐
16 group	☑	☐	☐
17 fibre	☐	☐	☑
18 study	☑	☑	☐
19 niche	☐	☑	☐
20 beauty	☐	☐	☑
21 selection	☐	☐	☑
22 gas	☐	☐	☑

VIII.

1 friendly
2 on
3 on
4 on
5 by
6 dies
7 out
8 recycling
9 for
10 recycling
11 treat
12 ecological
13 take
14 on
15 On
16 no
17 than
18 cheaper
19 score
20 up
21 like
22 on
23 way
24 being
25 to think
26 make
27 seriously
28 thinking

MODULO 3 Texto B

I. b

II. 2

III.

1 F
2 V
3 V
4 F

IV.

1 Don't worry about it. / b
2 What are you talking about? / b
3 It makes me mad. / b
4 He'll get his. / b
5 Think about it. / a
6 Serves him right. / b

V

1 Would
2 just
3 lit
4 about
5 about
6 start
7 makes
8 totally
9 get
10 Wanna
11 littering
12 get
13 for
14 on
15 do
16 will
17 Serves him right!

MODULO 4 Texto A

I. 5

II. 3

III. 2

IV.

1 2
2 3
3 5
4 1
5 4

V.

1 V
2 F
3 F
4 V
5 V

VI.

July 23, 2009
Attn: Mrs. Claire F. Smith
Sales Department Manager
Stock Souvenirs
45 White Street
Florida, Miami

VII.

1 5
2 2
3 1
4 4
5 6
6 3

VIII.

CARTA FORMAL	CARTA INFORMAL
Saudações Dear Sir/ Madam Dear Mr. Brown Dear Mrs. Silva Dear Ms Renata Davidson	**Saudações** Hello Lucy Hi Dave What's up John! Hey Sarah!
Fechamentos Sincerely Kindest regards Cordially Faithfully yours	**Fechamentos** Kisses Hugs Later Love

IX.

1 I am
2 I have
3 There has not ... internet has
4 The company was not
5 I am ... Rogers can not/cannot ... I will

X.

1 c
2 f
3 b
4 e
5 d
6 g
7 a

XI.

1 Dear
2 am
3 bring
4 failure
5 out
6 have been
7 for
8 single
9 complaint
10 slow
11 for
12 which
13 home
14 called
15 see
16 took
17 who
18 ones
19 such
20 rate
21 paying
22 to
23 into
24 for
25 hearing
26 Sincerely

MODULO 4 Texto B

I. 5

II.

1 V
2 F
3 V
4 F

III.

1 F
2 V
3 V
4 V
5 F

IV.

1 sign up / a
2 technical / e
3 support / b
4 hold / c
5 service / d

V.

1 account / e
2 canceling / a
3 cable / b
4 gotten / d
5 service / c

VI.

1 How can I help you today? / b
2 Can I get your name and account number please? / b
3 I'm sorry to hear that. / b
4 As a matter of fact, the problem hasn't been solved yet. / b
5 Let me put you through to technical support. / b
6 Enough is enough. / a
7 For God's sake! / b

VII. put

VIII.

1 runaround
2 reached
3 line
4 on
5 up
6 packages
7 hear
8 this
9 get
10 Sure
11 hear
12 fact
13 put
14 over
15 waiting
16 through
17 cancel
18 on
19 hold
20 sake

MODULO 5 Texto A

I. 1

II. 3

III.

1 V
2 F
3 V
4 F
5 V

IV.

APROPRIADO PARA SE USAR NO TRABALHO	INAPROPRIADO PARA SE USAR NO TRABALHO
clean shoes wedding ring white shirt grey suit dark tie	yellow suit pink shirt gold chains very modern clothes jeans old loafers

V.

1 office / a
2 social / d
3 wear / b
4 dress / c
5 make / e

VI.

1 set / c
2 clean / d
3 neutral / b
4 trimmed / a

VII.

1 Gone are the good old days when ... / b
2 ... you are on the ball. / b
3 ... loose ties are a no-no. / a
4 ... just doesn't cut the mustard. / b
5 This goes for ... as well. / a
6 You can't go wrong with ... / a
7 ... are out of the question. / b
8 ... say volumes about you. / a

VIII.

	dress(ed)	*wear*	*put on*
23 He's just a baby. He can't	☑	☐	☐ himself yet.
24 She was very well	☑	☐	☐ .
25 He has to	☐	☑	☐ a uniform to school.
26 Does he always	☐	☑	☐ a suit to the office?
27 He got	☑	☐	☐ and left for work.
28 --	☐	☑	☑ something nice for the party.
29 She	☐	☐	☑ her shoes and went into the garden.
30 You'd better	☐	☑	☑ a sweater. It's cold outside.

IX.

1 make
2 get
3 pick and choose
4 mention

13 set
14 cut
15 to
16 goes

5 However
6 sharp
7 making
8 wore
9 give
10 on
11 go
12 neat and tidy
17 go
18 on
19 wear
20 up
21 about
22 to think
23 as

MODULO 5 Texto B

I.
1 V
2 F
3 V
4 V

II. 1, 3, 6

III.
1 F
2 V
3 F
4 F
5 F

IV.
1 Check out... / Get a load of...
2 Check out... / Get a load of...
3 Talk about... / Can you say...?
4 Check out... / Get a load of...
5 Talk about... / Can you say...?
6 Talk about... / Can you say...?

7 Check out... / Get a load of...
8 Talk about... / Can you say...?

V.

1 Talk about camp! / b
2 Check out those shoes! / a
3 I wouldn't be caught dead in those shoes! / a
4 Get a load of her purse! / b
5 Can you say 'kitch'? / a
6 Tell me about it! / b
7 Give me a break! / a
8 It's the fashion miss of the century! / b
9 Clashes completely with her blouse! / a
10 What a getup! / b
11 No wonder she can't find a boyfriend! / a
12 She's like a total spaz! / b
13 No kidding! / a
14 Act natural. / a
15 It really works Karen! / b

VI.

1 Talk
2 out
3 caught
4 for
5 wonder
6 Gee
7 load
8 something
9 say
10 Tell
11 break
12 miss
13 with
14 getup
15 will you
16 wonder
17 total
18 kidding
19 natural
20 love
21 Really
22 just
23 works

MODULO 6 Texto A

I. 2

II. 4

III.

1 V
2 F
3 V
4 F

IV.

1 V
2 V
3 V
4 F
5 V
6 V
7 V
8 V
9 F
10 F

V.

1 delegate / d
2 run / c
3 deal / e
4 starting / b
5 make / a

VI.

1 take / c
2 work / e
3 find / b
4 face / d
5 deal / a

VII.

1 go-go / c
2 broken / b
3 profitable / e
4 control / a
5 start-up / d

VIII.

1 I'm tired of the nine-to-five grind. / b
2 Ever thought about throwing it all in and starting your own business? / b
3 Just think about it! / a
4 But are you cut out for it? / b
5 Do you have what it takes to run your own business? / a
6 They can't stand the idea of someone having authority over them. / b
7 Entrepreneurs thrive on the challenge of facing difficult situations. / a
8 There are a lot of ups and downs on the path to a successful business. / a
9 When they fall, they get up on the horse again. / b
10 Entrepreneurs often had to tighten their belts as kids. / a
11 At any rate, being born into money seems to squash the entrepreneurial drive in most people. / b

IX.

1 work
2 work
3 job

X.

1 of
2 grind
3 in
4 starting
5 out
6 takes
7 run

21 on
22 heads
23 While
24 on
25 late
26 either
27 doing

8 start-up
9 let
10 tell
11 for
12 by
13 control
14 having
15 doing
16 types
17 to
18 for
19 way
20 self-confidence
28 floating
29 founder
30 are
31 on
32 setbacks
33 in
34 when
35 essential
36 broken
37 belts
38 for
39 At
40 into

MODULO 6 Texto B

I.

1 V
2 F
3 V
4 F

II. 2

III.

1 5
2 1
3 6
4 3
5 2
6 4

IV.

1 sip / d
2 play / c
3 caught / a
4 take / b

V.

1 spend / a
2 make / b
3 run / c
4 support / d

VI.

1 Jack, here's a good one. / b
2 Ever hear the one about the Mexican fisherman and the American entrepreneur? / a
3 Let's hear it. / a
4 Well, this big shot American businessman is on holiday ... / b
5 ...the little wheels in his head are turning. / a
6 I think I can see where this is going ... / b
7 At this point the American is jumping up and down with enthusiasm. / a
8 Wait for it ... / a
9 That's a pretty lame joke, Dave! / b

VII.

Andy ***Ever hear the one about*** the two sales reps in Australia?
Tony Don't think so. ***Let's hear it.***
Andy Well, this large American shoe company decides to send two sales reps out to the Australian outback to see if they can drum up some business among the Aborigines. After a few weeks in Australia, the two reps return. The boss calls them both into his office and asks for their reports. ***So the first rep goes,*** "No business for us there. The natives don't wear shoes". The second one looks at the boss and says... ***wait for it ...***, "Great opportunity for us! The natives don't wear shoes!"
Tony ***That's a pretty good one***, Andy!

VIII.

1 one
2 hear
3 say
4 on
5 in
6 at
13 children
14 Eventually
15 control
16 Of course
17 to
18 run

7 over
8 few
9 on
10 while
11 out
12 interested
19 take
20 At
21 right
22 filthy
23 for
24 pretty

MODULO 7 Texto A

I. 3

II. 1

III.

1 c
2 a
3 f
4 h
5 e
6 g
7 b
8 d

IV.

1 health / e
2 health / h
3 heart / g
4 heart / a
5 healthy / b
6 blood / d
7 grey / f
8 rickety / c

V.

1 fight / e
2 sap / a
3 clog / b
4 stay / c
5 delay / d

VI.

1 lower / d
2 prevent / c
3 stimulate / b
4 lower / a

VII.

1 It's all about what we eat and how we live and work now. / b
2 Besides, it wrecks your lungs, saps your energy and turns people off. / a
3 Watch your weight. This is a no-brainer. / b
4 Who says you have to sit in a rocker when you get old? / a
5 Getting old is all in your head! / b

VIII.

	pain	ache	
31 I have a/an	☑	☐	in my leg.
32 My feet	☐	☑	after I run.
33 I have a stomach-	☐	☑	.
34 She felt no	☑	☐	after the operation.
35 Are you in	☑	☐	?
36 He's got a terrible back	☐	☑	.
37 She's been in	☑	☐	all morning.
38 Does your back still	☐	☑	?
39 My muscles	☐	☑	when I work out.
40 An aspirin will help with the	☑	☐	.

IX.

1 but
2 knows
3 to
4 grey
5 on
6 to
7 getting
8 make
9 all
10 make
11 God forbid!
22 on
23 overtime
24 Moreover
25 energetic
26 saying
27 has shown
28 like
29 in
30 Furthermore
31 in
32 mention

12 these
13 greatly
14 from
15 such
16 Besides
17 off
18 twice
19 so-called
20 off
21 healthy
33 complaints
34 In addition to
35 meet
36 every day
37 scratch
38 loss
39 says
40 in
41 up
42 to

MODULO 7 Texto B

I.

1 V
2 F
3 V
4 F

II. 3

III.

1 V
2 V
3 F
4 V
5 F
6 V
7 F
8 V
9 F
10 V
11 F
12 V

IV.

1 effects / c
2 rays / b
3 industry / a
4 good / d
5 keep / e

V.

1 foods / e
2 exercise / c
3 foods / b
4 wrinkles / d
5 delay / a

VI.

FAZER UMA LEVE SUGESTÃO	CONCLUIR/ ENFATIZAR UMA IDEIA
• It's not a bad idea to (load up on fruits and vegetables). •... ought to do the trick • I'd say... • (Also,) you might want to consider (avoiding fatty foods). • Why not...? • You might try...	• It all comes down to (prevention). • The bottom line is that .... • When you get right down to it,... • In the end ... • It's all about (keeping fit). • At the end of the day....

VII.

a 5
b 6
c 1
d 4
e 2
f 3

VIII.

a 1
b 6
c 2
d 3
e 5
f 4

IX.

1 It's not a bad idea to load up on fruits and vegetables and complex carbohydrates. / a
2 Eight hours should do the trick for most of us. / b
3 If you have to drag yourself out of bed, you haven't slept enough. / a

X.

1 on
2 who
3 proof
4 is there

23 on
24 avoiding
25 to
26 get

5 are
6 First of all
7 up
8 going
9 use
10 least
11 apply
12 fix
13 down
14 Does
15 does
16 bottom
17 sensitive
18 long-term
19 tan
20 get
21 do
22 do
27 that
28 do
29 out of
30 on
31 Does
32 You bet
33 to
34 30-minute
35 leave
36 happier
37 isn't it
38 taking
39 parents'
40 Precisely
41 either
42 that we continue
43 for coming
44 a pleasure

MODULO 8 Texto A

I. 4

II. 4

III.
1 b
2 e
3 d
4 a
5 c

IV.

1 club / b
2 virtual / a
3 security / e
4 tight / c
5 rep / d

V.

1 arrange / d
2 bridge / c
3 check out / e
4 minimize / a
5 exchange / b

VI.

1 It's taking the travel world by storm. / b
2 Is this a traveler's dream come true or what? / b
3 The free couch to crash on was icing on the cake! / a
4 Some skeptics will say that this is all fine and dandy but... / b
5 Dennis Gibb, a London university student, is a case in point. / a
6 Casey got wined and dined. / a

VII.

		travel	*trip*	*go away*	
1	Why don't we	☐	☐	☑	for the weekend?
2	We'd like to take a	☐	☑	☐	to Europe next summer.
3	They are going to	☑	☐	☐	through Canada by train.
4	I have to	☑	☐	☐	abroad a lot in my work.
5	She needs to	☐	☐	☑	for a few days to relax.
6	Jack is in New York on a business	☐	☑	☐	.
7	We almost never	☐	☐	☑	on holiday.
8	How was your	☐	☑	☐	to Italy?
9	Are you going to make the	☐	☑	☐	to Washington again this year?
10	She doesn't want to	☐	☐	☑	this weekend.
11	She wants to	☑	☐	☐	around the world by boat.
12	It sounds like you had a lovely	☐	☑	☐	.

VIII.

1 in
2 up
3 swing
4 taking
5 its
6 are
7 who
8 for
9 get to know
10 even
11 to
12 travel
13 case in point
14 On
15 out
16 would
17 such
18 on
19 begin
20 to
21 in
22 novel
23 random
24 while
25 To
26 received
27 short
28 on
29 boot
30 wined and dined
31 what
32 chasms
33 really
34 out
35 down
36 skeptics
37 dandy
38 into
39 to minimize
40 through
41 rep
42 evaluate
43 This way
44 warn
45 says
46 for
47 to put
48 begun
49 on
50 exchange

MODULO 8 Texto B

I. 3

II. 2

III. pessoal, informal, espontâneo, irreverente

IV.

1 c
2 b
3 d
4 a

V.

1 got
2 had
3 had
4 took
5 spent
6 did

VI.

1 Wassup guys? / b
2 Eat your heart out! / a
3 Talk about urban sprawl! / b
4 I was tickled pink that Janaína picked me up at the airport. / a
5 It was pretty cool of her. / a
6 We hit the town. / a
7 I'm off to a dance club. / b
8 I can't eat another bite. / a
9 Can they ever pack 'em in! / a

VII.

CONOTAÇÃO POSITIVA	CONOTAÇÃO NEGATIVA
tickled pink cool brilliant awesome hip tasty wild	hairy gross urban sprawl

VIII.

1 ’cuz
2 gotta
3 wassup?
4 ’em
5 luv
6 u
7 kinda
8 prezzie

IX.

1 say
2 out
3 written
4 ’cuz
5 Anyway
6 Talk
7 pink
8 up
9 of
10 up
11 hit
12 had
13 bite
14 Absolutely
15 a walk
16 had
17 spoke
18 on
19 did
20 Anyhow
21 on
22 ever
23 at
24 tasty
25 so
26 to
27 guys

Apêndice

A

Amostra de carta de reclamação

Mr. Peter Merton
Customer relations manager
Capital Caribbean Cruise Lines
127 Oceanside Dr.
Miami, FLA - 32174

Re. Incorrect cabin allocation.

Dear Mr. Merton,

I am writing this letter to bring to your attention the very disappointing holiday cruise my husband and I took with your company in May this year. We took the 7-day cruise package offered by your company from Miami to the Virgin Islands. We booked a luxury double cabin with a window on the "B" deck.

When we boarded the cruise ship on May 12th we were informed that our cabin on the "B" deck wasn't available and we were put in an economy cabin without a window. When I protested I was informed that later in the day a better cabin would be provided for us. However by evening we still had not been given a better cabin and when I again inquired about our cabin we were told that we would have to continue in the economy cabin without a window for the duration of the cruise. At this point we were at sea and my husband and I couldn't get off the ship so there was nothing we could do about it. We remained in this cabin for the duration of the cruise despite our daily protests to the staff.

Given that this cruise was our honeymoon cruise and a once-in-a-lifetime trip for us, I request that your company refund our money in full. I fully expect your company to refund the full pricc of thc holiday for not honouring its promise of a luxury cabin on the "B" deck. My husband and I are unwilling to accept any other kind of compensation for what turned out to be a honeymoon marred by stress and conflict with the ship staff.

If the company is unwilling to refund our money in full we intend to take this matter to court. I believe that the publicity from this case would only harm the reputation of your company.

I look forward to receiving your answer and a refund cheque.

Yours truly,

Joan B. Frampton
3166 Bramton Park Lane, Apt. 12
Daytona Beach, Fla - 764339

'Sugestões de atividades extras para o professor'

Listamos abaixo algumas sugestões de atividades de produção escrita, oral e projetos que podem ser utilizados após as atividades propostas no livro para cada módulo.

Módulo 01

1. **Atividade de pesquisa.** Em pares ou pequenos grupos, peça aos alunos que façam uma lista dos países falantes de língua inglesa. Peça aos alunos que digam os nomes de países que lembram e acrescente outros na lousa. Cada grupo deve escolher um país da lista, pesquisar na internet receitas de pratos típicos deste país e escolher dentre eles um prato. Peça aos alunos que elaborem um cartaz bilíngue com a receita. Os alunos devem incluir no cartaz: imagens (fotos, ilustrações), nome dos ingredientes, modo de preparo - atentando para o formato do gênero 'receita' e forma imperativa dos verbos em inglês.
2. **Atividade de produção escrita.** Individualmente ou em pares, peça aos alunos que pensem nos seus pratos prediletos. Peça aos alunos que escrevam a receita do prato que escolheram, incluindo nome dos ingredientes, modo de preparo - atentando para o formato do gênero 'receita' e forma imperativa dos verbos em inglês. Corrija os textos e peça que os alunos reescrevam na forma correta. Peça aos alunos que elaborem um cartaz com a receita. Promova uma exibição dos cartazes na sala ou mural da escola para que todos possam apreciar.

Módulo 02

1. **Atividade de discussão.** Peça aos alunos que, individualmente, elaborem uma lista de cinco coisas que eles gostam e cinco coisas de que não gostam em um parceiro. Então, peça que comparem as listas em pares ou pequenos grupos. Designe um monitor da classe e peça para que os grupos digam as qualidades e defeitos. Peça ao monitor que escreva as informações na lousa. Sugira aos alunos que votem nas 3 melhores qualidades e 3 piores defeitos em um parceiro. Faça uma discussão sobre os resultados da votação.
2. **Atividade de produção.** Em grupos, peça aos alunos que criem uma ficha de 'informações pessoais' para registrar informações que possam ser úteis para alguém procurando um parceiro em um serviço de namoro pela internet. Sugira os campos: nome, idade, profissão, preferências, *hobbies*, aparência física etc. em inglês. Peça aos alunos que preencham as fichas individualmente, mas assinem com um pseudônimo, e não com o próprio nome. Junte todas as fichas sobre uma mesa e peça aos alunos que peguem uma ficha por vez, leiam e selecionem uma que gostam. Em seguida, peça aos alunos que leiam para a classe a ficha que selecionaram e tentem identificar quem a escreveu.

Módulo 03

1. **Atividade de discussão.** Peça aos alunos que respondam o questionário ('quiz') do módulo individualmente. Em seguida, peça que comparem os resultados em pares e discutam se concordam ou discordam dos resultados. Promova uma discussão sobre hábitos eficientes de preservação do meio ambiente.
2. **Atividade de pesquisa.** Peça aos alunos que, em grupos, enumerem problemas locais de meio ambiente (poluição nos rios, lixo na rua, poluição visual etc.). Peça aos alunos que elaborem uma campanha para conscientizar e mudar os hábitos da população com relação a um ou mais problemas ambientais. A campanha pode ser veiculada via rádio (anúncio público, rap), TV (vídeo, música), jornal (pôster, anúncio).

Módulo 4

1. **Atividade de reconhecimento do gênero.** Tire cópias e recorte partes da carta de 'reclamação' - Cf.: apêndice. Em grupos, peça que juntem as partes da carta na ordem correta, tomando como referência o que aprenderam sobre cartas formais no módulo. Peça aos alunos que comparem os resultados com outros grupos. O professor pode pedir aos alunos que escrevam uma carta para alguma instituição real.
2. **Atividade de pesquisa.** Em grupos, peça que os alunos discutam e anotem uma lista de recursos que um consumidor insatisfeito poderia usar para fazer uma reclamação formal e obter resultados favoráveis. Sugira a idéia inicial de 'escrever uma carta de reclamação' ('write a complaint letter'). Após a discussão dos alunos, peça que cada grupo compartilhe com a sala as ideais que anotaram. Pergunte aos alunos se eles conhecem algum órgão governamental com a função de defender e promover os direitos do consumidor. Caso os alunos não mencionem, escreva na lousa os órgãos mais comuns, como o PROCON, e peça que os alunos façam uma pesquisa na internet e expliquem como o PROCON funciona.

Módulo 5

1. **Atividade de discussão.** Estimule uma discussão em grupo com as seguintes perguntas na lousa: "Do you agree with the office 'fashion rules' for men in the text? Do they apply to Brazil? Why? Why not?" em pares ou grupos pequenos, peça aos alunos que elaborem uma lista de escolhas 'adequadas' e 'inadequadas' relacionadas ao vestuário feminino no trabalho. Em seguida, peça que comparem as listas com outros grupos ou pares. Então, promova uma discussão sobre os resultados com a sala toda.
2. **Atividade de pesquisa.** Em grupos, peça aos alunos que folheiem revistas e recortem fotos e imagens ilustrando celebridades 'bem-vestidas' e 'mal-vestidas', de acordo com as preferências dos alunos sobre moda. Peça aos alunos que elaborem um cartaz com as fotos e imagens, um glossário bilíngue de itens de vestuário e acessórios (saia, brincos, cinto etc.). Promova uma exposição dos cartazes para apreciação de todos os alunos na

sala. Opcionalmente, o professor pode promover uma votação pela foto da celebridade mais bem vestida e uma votação pela celebridade mais mal-vestida.

Modulo 6

1. **Atividade de discussão.** Em grupos, peça aos alunos que releiam as características de empreendedores bem-sucedidos e troquem opiniões com os colegas. Escreva na lousa: 'Do you agree? Why? Why not?' Em pares ou pequenos grupos, peça que adicionem cinco ou mais 'características essenciais de um bom empreendedor'. Peça que cada grupo apresente seus resultados para a classe e promova uma discussão final.
2. **Atividade de pesquisa.** Peça aos alunos que procurem na internet piadas relacionadas ao mundo dos negócios ou profissões em inglês. Peça que selecionem uma que julguem engraçada. Promova um 'concurso de piadas' na sala. Opcionalmente, peça que votem pela piada mais engraçada.

Módulo 7

1. **Atividade de discussão.** Em pares, peça aos alunos que elaborem uma lista de 'bons' e 'maus' hábitos de vida, baseada na leitura do módulo. Em seguida, peça que elaborem um questionário em inglês para avaliar o hábito de vida das pessoas. Em pares, peça que entrevistem outros pares na sala.
2. **Atividade de pesquisa.** Peça aos alunos que coletem embalagens e rótulos de comidas em casa e tragam para a aula - isto poderia ser pedido aos alunos antes do início do módulo 7. Na internet, auxilie os alunos na busca de informações sobre a qualidade dos alimentos baseada nos ingredientes que compõem os alimentos. Em seguida, peça aos alunos que elaborem pôsteres com comidas 'saudáveis' e comidas 'não-saudáveis', usando os rótulos e embalagens que coletaram. Peça que incluam nos pôsteres informações nutricionais e sobre saúde pesquisadas na internet.

Módulo 8

1. **Atividade de discussão.** Em pares ou grupos, peça aos alunos que imaginem que farão uma viagem a uma nova cidade e o que se hospedarão na casa de um anfitrião cadastrado na rede de 'coachsurfers'. Peça aos alunos que elaborem uma lista de características e informações que gostariam de obter sobre o anfitrião (personalidade, ambiente doméstico etc.). Em pares ou grupos, peça que escrevam na lousa as possíveis características positivas e negativas. Promova uma discussão com a sala.
2. **Atividade de pesquisa.** Em pares ou grupos, peça que os alunos pensem em uma cidade de um país de língua inglesa. Na internet, peça que entrem no *site* de *coachsurfing* (versão em inglês) e escolham 3 possíveis anfitriões compatíveis na cidade que selecionaram. Em seguida, peça que expliquem as razões que os motivaram a escolher os três anfitriões. O professor pode escrever na lousa: 'What is it about the 3 people that you like?'

Esperamos que você e seus alunos possam ter um ótimo aproveitamento do material. Bom trabalho!

MARK G. NASH & WILLIANS R. FERREIRA

CONHEÇA TAMBÉM

Este livro foi impresso em março de 2010
pela Prol Editora Gráfica sobre papel offset $90g/m^2$.